Promoção, produtos e mercados:
análise sobre varejo, merchandising e eventos

Letícia Mirella Fischer Campos

O selo DIALÓGICA da Editora InterSaberes faz referência às publicações que privilegiam uma linguagem na qual o autor dialoga com o leitor por meio de recursos textuais e visuais, o que torna o conteúdo muito mais dinâmico. São livros que criam um ambiente de interação com o leitor – seu universo cultural, social e de elaboração de conhecimentos –, possibilitando um real processo de interlocução para que a comunicação se efetive.

Rua Clara Vendramin, 58 | Mossunguê
CEP 81200-170 | Curitiba | PR | Brasil
Fone: (41) 2106-4170
www.intersaberes.com
editora@editorainteresaberes.com.br

Conselho editorial | Dr. Ivo José Both (presidente) | Drª Elena Godoy | Dr. Neri dos Santos | Dr. Ulf Gregor Baranow
Editora-chefe | Lindsay Azambuja
Supervisora editorial | Ariadne Nunes Wenger
Analista editorial | Ariel Martins
Preparação de originais | Ana Maria Ziccardi
Edição de texto | Tiago Krelling Marinaska | Olívia Lucena
Capa | Charles L. da Silva (*design*) | Oilly.Ar/Shutterstock (imagem)
Projeto gráfico | Silvio Gabriel Spannenberg (*design*) | nonupperuct/Shutterstock (imagem)
Diagramação | Renata Silveira
Equipe de *design* | Silvio Gabriel Spannenberg | Laís Galvão
Iconografia | Célia Regina Tartalia e Silva | Regina Claudia Cruz Prestes

Dados Internacionais de Catalogação na Publicação (CIP)
(Câmara Brasileira do Livro, SP, Brasil)

Campos, Letícia Mirella Fischer
    Promoção, produtos e mercados: análise sobre varejo, merchandising e eventos/ Leticia Mirella Fischer Campos. Curitiba: InterSaberes, 2019. (Série Mundo da Publicidade e Propaganda)

    Bibliografia.
    ISBN 978-85-227-0054-7

    1. Comércio varejista 2. Marketing 3. Merchandising 4. Produtos 5. Promoção de vendas 6. Propaganda I. Título. II. Série.

19-25911   CDD-658.82

Índice para catálogo sistemático:
1. Promoção de vendas: Administração mercadológica   658.82

Cibele Maria Dias – Bibliotecária – CRB-8/9427

1ª edição, 2019.
Foi feito o depósito legal.
Informamos que é de inteira responsabilidade da autora a emissão de conceitos.
Nenhuma parte desta publicação poderá ser reproduzida por qualquer meio ou forma sem a prévia autorização da Editora InterSaberes.
A violação dos direitos autorais é crime estabelecido na Lei n. 9.610/1998 e punido pelo art. 184 do Código Penal.

Sumário

5 Apresentação
9 Como aproveitar ao máximo este livro

13 **1 Produtos e serviços**
18 1.1 Tipos de produto
20 1.2 Ciclo de vida
23 1.3 Portfólio de valor
24 1.4 Composição
28 1.5 Dimensões
29 1.6 Lançamento
31 1.7 Serviços

39 **2 Mercados consumidores**
42 2.1 Mercado-alvo
47 2.2 Tipos e estruturas de mercado
52 2.3 Estimativas e pesquisa de mercado
56 2.4 Potencial de mercado

65 **3 Promoção, composto promocional e varejo**
71 3.1 Composto promocional
82 3.2 Varejo

97	**4 Mecânicas (tipos) e aplicações de promoções e calendário promocional**
99	4.1 Tipos de promoção
111	4.2 Calendário promocional

123	**5 Merchandising, ponto de venda e técnicas de *display***
126	5.1 Merchandising televisivo
130	5.2 Merchandising em *displays*
134	5.3 Apresentação dos preços
136	5.4 Cores
141	5.5 Sinalização
144	5.6 Iluminação
148	5.7 Contação de uma história
149	5.8 Exposição dos clientes à quantidade máxima de mercadorias
151	5.9 Uso do espaço vazio com sabedoria
152	5.10 Incorporação da tecnologia em merchandising visual

159	**6 Programas de incentivos**
165	6.1 Etapas dos programas de incentivo

177	**7 Planejamento e organização de eventos**
179	7.1 Tipos de eventos
181	7.2 Construção do evento
186	7.3 Planejamento de eventos
189	7.4 Organização de eventos

199	Para concluir...
203	Referências
207	Respostas
214	Sobre a autora

Apresentação

As pessoas adquirem diariamente diversos tipos de produtos e serviços para atender às suas necessidades e desejos; entretanto, raramente aprofundam seu conhecimento sobre eles. As empresas que oferecem esses itens, por sua vez, precisam conhecer bem o mercado em que atuam e as influências que interferem em sua dinâmica. Essas são as razões que justificam esta obra, pois para promoverem e comercializarem da melhor maneira, é fundamental que essas organizações compreendam e dominem conceitos sobre aspectos de mercado, ações promocionais, calendários, campanhas e eventos.

Dessa forma, nosso objetivo é apresentar este livro como uma ferramenta de apoio a estudantes e profissionais da área de promoção e vendas ao abordar diferentes conceitos, teorias, estudos e interesses dessa área. Como o assunto é vasto, jamais conseguiríamos abordar todos os estudos disponíveis sobre essas áreas, que inovam e se modificam com grande rapidez por estarem relacionadas diretamente às pessoas.

Partindo dos principais aspectos que influenciam as decisões de promoção e vendas e os temas que os profissionais precisam dominar para desenvolver e aperfeiçoar sua carreira, organizamos este livro em sete capítulos. O capítulo 1 aborda os conceitos de produto e serviço. Para que seja possível promover e comercializar os produtos e serviços de uma organização, há a necessidade de primeiramente entender estes conceitos. As pessoas diariamente adquirem diversos tipos de produtos e serviços para atender suas necessidades e desejos, mas dificilmente se aprofundam no conhecimento sobre eles. Assim este livro inicia-se com a definição de produto, quais os principais tipos de produtos, ciclo de vida, portfólio de valor, composição e dimensões. Também se faz necessária apresentar definições de serviços, devido a sua importância primordial para a economia e a geração de empregos e renda no Brasil.

O segundo capítulo aborda o conceito de mercado, pois após compreender os tipos de produtos existentes e suas características, a empresa deve conhecer o mercado no qual atua e quais influências interferem em sua dinâmica. Os conteúdos estão subdivididos em definição de mercado e mercado-alvo; tipos e estruturas de mercado; estimativas e pesquisa de mercado e potencial de mercado.

O capítulo 3 versa sobre promoção, composto promocional e varejo, apresenta os principais conceitos de promoção e quais componentes formam o mix de marketing, ou composto promocional, que podem ser utilizados pelas organizações dependendo do objetivo de sua comunicação. Apresentamos alguns exemplos de comunicações divulgadas na mídia para ilustração do conteúdo. Neste capítulo também se apresentam as características do varejo e exemplos de varejistas.

No capítulo 4, trabalhamos os conceitos de merchandising, ponto de venda e técnicas de display. Os conteúdos apresentados neste capítulo estão divididos nos seguintes tópicos:

definição de merchandising e seus objetivos, características do ponto de vendas, analisando cores, iluminação, organização de mobiliário e disposição dos itens que compõem este espaço fundamental para cativar e atrair clientes.

No quinto capítulo, sobre mecânicas e aplicações de promoções e calendário promocional, agregamos mais conteúdo ao que foi abordado no capítulo 3 com mais informações e exemplos práticos. Explicaremos a importância da elaboração de um calendário promocional para as empresas, considerando suas datas importantes e também as datas e feriados que são mais representativos no comércio brasileiro.

O capítulo 6, intitulado *Programas de incentivos*, inicia com a diferenciação entre o que são programas de incentivo e de fidelidade, contextualizando a importância do relacionamento com os clientes e não apenas o estímulo para vendas. A empresa necessita compreender qual a melhor maneira para incentivar seus consumidores a continuarem comprando e para divulgar as vantagens que a marca proporciona.

O último capítulo, Planejamento e organização de eventos, apresenta os principais tipos de eventos que podem ser desenvolvidos, além dos planejamentos e das organizações possíveis para eles. Eventos são fundamentais para a divulgação das marcas e produtos, e por este motivo, saber organizá-los de maneira eficiente, é fundamental. Com novas tecnologias a disposição e com custos cada vez menores, apresentamos alguns softwares e aplicativos específicos para esta atividade.

Além da abordagem conceitual, ao longo do livro apresentamos exemplos práticos – ilustrados na maioria dos casos com figuras e imagens para auxiliar na compreensão.

Esperamos que este livro seja um diferencial em seus estudos e que você faça bom proveito da leitura proposta, dos casos expostos e exercícios apresentados.

Sucesso e uma ótima leitura!

Como aproveitar ao máximo este livro

Este livro traz alguns recursos que visam enriquecer o seu aprendizado, facilitar a compreensão dos conteúdos e tornar a leitura mais dinâmica. São ferramentas projetadas de acordo com a natureza dos temas que vamos examinar. Veja a seguir como esses recursos se encontram distribuídos no decorrer desta obra.

Conteúdos do capítulo

- Produto
  - definição, tip
  - portfólio de v
  - composição
  - lançamento.
- Serviços
  - definições

Conteúdos do capítulo Logo na abertura do capítulo, você fica conhecendo os conteúdos que nele serão abordados.

Após o estudo deste capítulo, você será capaz de:

1. definir *produto* de marketing;
2. avaliar os tipos ticas e principai
3. identificar as di de um produto;
4. elencar os três
5. avaliar a import e suas dimensões,
6. explicar por que um pr ser referido como um

Após o estudo deste capítulo, você será capaz de: Você também é informado a respeito das competências que irá desenvolver e dos conhecimentos que irá adquirir com o estudo do capítulo.

Estudo de caso

Irreverência e criatividade: Lola Cosmetics

A empresa Lola Cosmetics su[rgiu] verente e com muita consciência p[ara] em suas maiores insatisfações, ou [...] marca conceitua: os cabelos. A Lola [...] ou seja, não usa produtos de orige[m...] testes com animais.

Seus produtos são divertidos e suas [...]

> **Estudo de caso** Esta seção traz ao seu conhecimento situações que vão aproximar os conteúdos estudados de sua prática profissional.

Perguntas & respostas

> **Perguntas & respostas** Nesta seção, a autora responde a dúvidas frequentes relacionadas aos conteúdos do capítulo.

Perguntas e respostas

1. Além da propaganda convencion[al...] [prod]utos e serviços, quais outros t[ipos podem] [se]r ser utilizados?

[...prop]agandas institucional, política [...]

2. Qual é o papel das relações públ[icas na] empresa ou marca?

O objetivo desse método é principa[lmente] a menção positiva do produto ou da [marca...]

Síntese

Neste capítulo, estudamos a[...] importância e sua relação co[m o...] *mix* de marketing – promoçã[o...] considerado o principal item do con[...] demais elementos serem elaborado[s...]

Apresentamos os tipos de produtos [...] itens de consumo e industriais – e su[as prin]cipais diferenças. Também elencam[os...] ciclo de vida, os itens a serem consi[derados...]

> **Síntese** Você dispõe, ao final do capítulo, de uma síntese que traz os principais conceitos nele abordados.

Questões para revisão

1) (UFF – 2009) Um mix de produtos
produtos e itens que uma
do mix de produtos que s
oferecidas em cada produ
   a) diversidade.
   b) variedade.
   c) abrangência.
   d) extensão.
   e) profundidade.

2) (Concurso Eletrobras – 2010) Prof

Questões para revisão Com estas atividades, você tem a possibilidade de rever os principais conceitos analisados. Ao final do livro, a autora disponibiliza as respostas às questões, a fim de que você possa verificar como está sua aprendizagem.

Para saber mais Você pode consultar as obras indicadas nesta seção para aprofundar sua aprendizagem.

Para saber mais

Há uma relação bastante considerá
ções e seus hábitos de consum
tos de consumo da sua geraçã
rimos dois artigos para sua lei

BATISTA, R. M. As gerações: influenciam o
dos consumidores. **Administradores**. 14 f
www.administradores.com.br/artigos/ma
o-comportamento-de-compras-dos-
consumidores/109246/>.Acesso em: 03 de

COVRE, R. Quem gasta mais: *baby boomer*
Consumidor Moderno, dez. 2017. Dispon

1
Produtos e serviços

Conteúdos do capítulo

- Produto
  - definição, tipos e ciclo de vida;
  - portfólio de valor;
  - composição e dimensões;
  - lançamento.
- Serviços
  - definições

Após o estudo deste capítulo, você será capaz de:

1. definir *produto* e sua importância no *mix* de marketing;
2. avaliar os tipos de produtos, suas características e principais diferenças;
3. identificar as diferentes fases do ciclo de vida de um produto;
4. elencar os três níveis de produto;
5. avaliar a importância do *mix* de produtos e suas dimensões;
6. explicar por que um produto também pode ser referido como um pacote de satisfação física e psicológica;
7. analisar as dimensões gerencial, do consumidor e social de um produto;
8. identificar os aspectos que devem ser considerados antes do lançamento de um produto no mercado;
9. diferenciar *serviço* de *produto* e analisar as principais características de ambos os itens, como intangibilidade, heterogeneidade, perecibilidade e inseparabilidade.

Conhecer o produto ou serviço que uma empresa oferece é o ponto de partida para qualquer estratégia de promoção e vendas, pois cada produto tem características, particularidades, fases e objetivos. Assim, a maioria das estratégias desenvolvidas pelas empresa para a venda de seus produtos começa com uma ideia ou conceito, que posteriormente evolui para os próximos estágios de desenvolvimento, que, por sua vez, incluem testes de mercado, configuração de preços, treinamento de força de vendas e execução de promoções. Além dessas atividades, o desenvolvimento e a comercialização de um produto demandam o envolvimento de todos os departamentos de uma empresa, desde engenharia e *design* até distribuição e vendas.

Las Casas (2006, p. 164) explica que "os produtos podem ser definidos como o objeto principal das relações de troca que podem ser oferecidos num mercado para pessoas físicas ou jurídicas, visando proporcionar satisfação a quem os adquire ou consome". Com base na definição do autor citado e no propósito deste livro, trataremos como *produtos* (e *serviços*) tudo o que pode ser comercializado. Cada produto é feito a um custo e comercializado a determinado preço, que pode ser cobrado de acordo com o mercado, a qualidade e a concorrência. Sendo assim, considerando os fatores envolvidos nas transações comerciais, é essencial que os meios para essa dinâmica sejam estudados.

Um produto pode ser um serviço ou um bem, ser físico ou virtual. Normalmente, o produto é tomado como um objeto tangível, como uma caneta, um aparelho de televisão, um pão, um livro etc. Por outro lado, o produto tangível também pode ser um pacote de serviços ou benefícios. Armstrong e Kotler (2007, p. 200) afirmam que produtos "incluem mais do que apenas bens tangíveis. [...] incluem objetos físicos, serviços, eventos, pessoas, lugares, organizações, ideias ou um misto de todas essas entidades".

Sendo assim, podemos afirmar que o produto é um conjunto de benefícios – físicos e psicológicos – que o comerciante ou quer oferecer ou um conjunto de expectativas que os consumidores desejam cumprir. Portanto, os vendedores ou as empresas podem satisfazer necessidades e desejos por produtos dos consumidores-alvo. Por isso, esses dois grupos devem considerar os benefícios e serviços relacionados ao produto, em vez de se concentrarem somente no próprio produto, percebendo que a relevância do produto reside não apenas no objeto tangível em si, mas nos serviços que podem ser prestados por ele. Isso ocorre porque as pessoas não estão interessadas apenas em possuir produtos, mas também em adquirir os serviços prestados pelos produtos que adquirem. Por exemplo: não compramos uma caneta: compramos um item que possibilita a escrita. Da mesma forma, não compramos um carro: nós adquirimos um objeto que nos sirva como meio de transporte; para alguns, a compra também é motivada pelo luxo e pelo conforto. Portanto, apenas possuir o produto não é suficiente: ele deve atender às nossas necessidades e aos nossos desejos. Assim, o produto físico é apenas um meio que nos oferece serviços, benefícios e satisfação.

Algumas características são essenciais para pensarmos em produtos:

- Relevância: os usuários devem conceber um uso imediato para o produto, ser funcionalmente capaz de fazer o que é suposto e com boa qualidade.

- Comunicação: os usuários e potenciais clientes devem saber por que eles precisam adquirir o produto, quais benefícios ele trará e qual diferença fará em suas vidas. Para isso, uma efetiva equipe de publicidade é fundamental para compreender esses desejos e necessidades e comunicá-los ao seu público.
- Nomeação: o produto precisa contar com um nome que as pessoas lembrem e por meio do qual as pessoas se relacionem com o item. Um produto com um nome se torna uma marca, que se destaca entre os diversos concorrentes e substitutos no mercado.
- Adaptabilidade: com tendências, tempo e mudança nos segmentos, o produto deve ser constantemente atualizado para ser atraente e relevante, mantendo seu fluxo de receita.

O produto é um dos elementos importantes do *mix* de marketing, pois todas as demais decisões sobre os outros elementos do composto dependem desse fator. Por exemplo: o preço é relacionado ao produto, os esforços promocionais são direcionados para vendê-lo; e a localização deve ser conveniente para comercializá-lo. Esse elemento está no centro do programa de marketing, portanto tem papel importante na determinação do sucesso geral dos esforços das definições de campanhas.

É importante que você entenda como o produto é feito, qual é seu valor, como deve e pode ser usado e as combinações de itens que podem ser bem sucedidas. Por isso, é imprescindível que você conheça os seguintes aspectos sobre os produtos da sua empresa:

- estrutura de preços;
- estilos, cores ou modelos disponíveis;
- história;
- qualquer processo especial de fabricação;
- maneira de usar;
- forma de distribuição e de entrega;
- serviços, garantias e informações de reparo.

1.1 Tipos de produto

Uma empresa vende diferentes produtos (bens e serviços) para seu mercado-alvo. Eles podem ser classificados em alguns grupos, entre os quais citamos os produtos de consumo e os produtos industriais.

- **Produtos de consumo**: itens usados pelos consumidores finais, ou famílias, sem outros processos comerciais e de engenharia. Podem ser divididos em quatro tipos:
    1) De conveniência: usados no dia a dia, proporcionam conveniência dos usuários. Frequentemente necessários, são comprados espontaneamente e facilmente encontrados em lojas de conveniência ou supermercados. Exemplo: sabões, biscoitos, pasta de dentes, aparelhos de barbear, jornais etc. Podem ser divididos ainda em três tipos: básicos (arroz, feijão, leite, pão etc.); emergenciais (guarda-chuva adquirido, quando começa a chover); comprados por impulso (aqueles que normalmente ficam em gôndolas dos caixas, tais como chocolates, balas, salgadinhos etc.).

2) De comparação: exigem tempo especial e esforços de compras e são comprados propositadamente em lojas ou mercados especiais, normalmente comparados com similares nos quesitos qualidade, preço, marca, moda, estilo, cor etc. Eles devem ser escolhidos entre várias alternativas ou variedades, como calçados, roupas, celulares etc.

3) Duráveis: podem durar um período mais longo e ser usados repetidamente, por uma ou mais pessoas. Exemplo: televisão, computador, geladeira, veículos etc. Aspectos como marca, imagem da empresa, preço, segurança, facilidade, durabilidade, tamanho, cor, forma, peso e serviços pós-venda, como instalação gratuita, assistência técnica e garantia, são importantes para a decisão de compra desses produtos por parte dos consumidores.

4) Não duráveis: também conhecidos como *consumíveis*, têm uma vida útil curta e, por isso, devem ser consumidos pouco tempo depois de produzidos e colocados à venda. São usados apenas uma vez, comprados com frequência e podem ser facilmente adquiridos no comércio. Frescor, embalagem e preço são critérios importantes para o consumidor escolher esse tipo de produto. Exemplos: frutas, vegetais, flores, queijo, leite etc.

- **Produtos industriais**: são utilizados pelas empresas como insumos de fabricação para novos processos nos produtos ou na fabricação de outros itens. Alguns são tanto industriais quanto de consumo. Exemplos: máquinas, componentes, certos produtos químicos, suprimentos e serviços etc. Os produtos industriais incluem: máquinas e componentes; matérias-primas e suprimentos; serviços e consultorias; eletricidade e combustíveis etc.

Não há como fazer uma distinção rigorosa sobre o que seriam itens de consumo industrial e produtos de consumo, como eletricidade, combustíveis fósseis, açúcar, trigo, computadores, veículos etc., que são usados pela indústria como entradas e também consumidos por clientes finais. O que diferenciaria uma categoria da outra seria o volume consumido.

1.2 Ciclo de vida

Um dos aspectos mais importantes que caracterizam um produto e o mercado em que ele está inserido é seu ciclo de vida. Com quatro estágios claramente definidos, as próprias características de cada estágio demandam ações diferentes para as empresas que estão tentando gerenciar o ciclo de vida de seus produtos específicos. Para Las Casas (2004, p. 175), "o ciclo de vida de um produto começa desde o momento que o produto é introduzido no mercado até a sua retirada total. Ele passa pelos estágios da introdução, crescimento, maturidade e declínio".

Observe o Gráfico 1.1 e perceba que o ciclo de vida considera duas variáveis importantes em sua análise: na horizontal, temos a variável *tempo*, e, na vertical, o fator *lucro gerado* para a empresa com a venda desse produto.

Gráfico 1.1 Ciclo de vida do produto

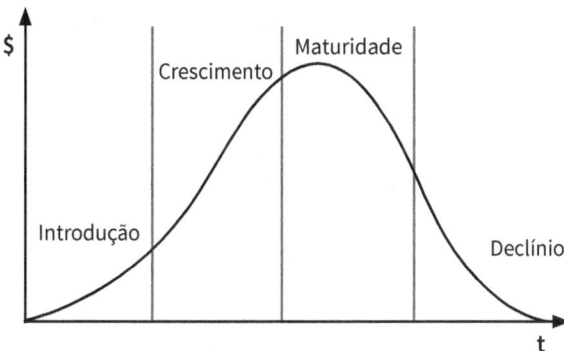

Fonte: Tavares, 2012.

Vejamos a seguir as especificidades de cada uma das quatro etapas apresentadas:

1) **Introdução:** etapa em que as vendas ocorrem de forma lenta. O mercado ainda é pequeno e poucos consumidores têm contato com a nova marca ou produto. Apesar de o nível de vendas ser baixo, muitos investimentos de publicidade e lançamento, pesquisas e distribuição são necessários, demandas que geram um fluxo de caixa negativo para a organização. O equilíbrio financeiro, via de regra, só é alcançado na fase seguinte, quando o volume de vendas tende a aumentar. Se o produto for um pioneiro, ainda sem concorrentes, e tiver boa aceitação dos consumidores, pode ser vendido a um preço mais elevado, pagando os custos dessa etapa inicial.

2) **Crescimento:** estágio caracterizado por um forte aumento nas vendas e lucros, que ocorre nessa etapa pelo fato de a empresa atingir um ponto de economia de escala, ou seja, as margens de lucro, bem como a quantidade total de

lucros, aumentam. Isso possibilita às empresas investir mais dinheiro na atividade promocional para maximizar o potencial da etapa de crescimento.

3) **Maturidade:** fase em que o produto é estabelecido e a prioridade do fabricante é manter a participação de mercado acumulada. É, provavelmente, o momento mais competitivo para a maioria dos produtos, no qual as empresas precisam investir com sabedoria em ações de marketing eficazes. Também é preciso considerar quaisquer modificações ou melhorias do produto no processo de produção, o que pode conferir uma vantagem competitiva.

4) **Declínio:** nessa etapa, o mercado de um produto começa a encolher. Esse fenômeno pode ocorrer em razão da saturação do mercado (ou seja, todos os clientes que poderiam comprar o produto já o adquiriram) ou pela migração dos consumidores para outro tipo de produto. Embora esse declínio seja inevitável, ainda é possível que as empresas façam algum lucro ao mudar seus métodos de produção, tornando-os menos dispendiosos e inserindo o item em mercados mais baratos.

De acordo com Las Casas (2004, p. 176), "O ciclo de vida do produto será variável de acordo com o mercado considerado e dependerá do tempo de adoção dos consumidores como também da concorrência de novos produtos".

1.3
Portfólio de valor

Os atributos de um produto vão muito além daqueles que você vê quando o está adquirindo. Para Kotler e Keller (2006), quando planeja a oferta do produto para o mercado, a empresa precisa considerar os níveis de produtos que constituem o portfólio de valor.

Três níveis de produto estão envolvidos em qualquer compra. Esses níveis incluem os produtos básico, real e ampliado. Como já afirmamos anteriormente, você compra um conjunto complexo de benefícios que visam satisfazer suas necessidades.

O primeiro e mais básico nível é chamado *produto básico* ou *valor central do cliente*. Nele reside a seguinte pergunta: o que o comprador realmente compra? Quando um produto é projetado, deve-se pensar primeiro no problema principal, que se trata de interpretar a seguinte questão: o que o consumidor realmente procura? Se você deseja comprar um carro, por exemplo, o valor básico que você procura é o de transporte. Outros procuram *status* ou *glamour*. Uma mulher que compra um batom procura mais do que apenas um cosmético para colorir seus lábios: ela procura beleza. Mesmo sendo o atributo mais básico, já compreende mais do que o próprio produto. Assim, as empresas devem sempre questionar-se antes de desenvolver um produto: qual é o benefício que o cliente realmente procura? Qual é o problema que precisa ser resolvido?

O segundo nível é o **produto real**. O produtor deve transformar o principal benefício, o principal valor do cliente que ele identificou, em um produto real. Esse trabalho envolve o desenvolvimento de características , *design*, nível de qualidade, marca e embalagem. Quando você compra um *smartphone*, atributos tais como o nome, as peças, o estilo, as características e a embalagem foram cuidadosamente combinados para fornecer o valor principal da comunicação ao cliente.

Finalmente, o terceiro nível é o **produto ampliado**. Ele é a soma dos dois primeiros níveis e consiste na oferta de serviços e benefícios adicionais para o consumidor. Se você adquire um Iphone, por exemplo, você obtém mais do que o valor principal do cliente (comunicação) e mais do que o produto real (atributos físicos). O produto ampliado que você obtém é a solução completa para seus problemas de comunicação, conforme definido pelo valor principal do cliente. Essa solução completa pode assumir a forma de garantia, serviço pós-venda, suporte ao produto, instruções de uso etc.

1.4 Composição

A apresentação dos conceitos elencados até aqui já lhe permite concluir que um produto não é um simples item da prateleira ou de um serviço prestado ocasionalmente, mas que ele também pode ser visto como um pacote que inclui uma satisfação, tanto física quanto psicológica, esperada por seus consumidores. O produto, nessa visão, é uma composição dos seguintes elementos:

- **Produto principal:** inclui conteúdos básicos, características, benefícios, qualidades ou fatores utilitários.
- **Características relacionadas ao produto:** cor, embalagem, rotulagem e variedades.

- **Serviços relacionados ao produto:** serviços de pós-venda, instalação, garantia, frete grátis, assistência técnica gratuita etc.

O *mix* de produtos, ou variedade de produtos, considera todas as linhas que uma organização produz e comercializa. Essas linhas costumam, vez ou outra, ser bastante semelhantes, como linhas de produtos de higiene e beleza. Por outro lado, podem ser consideravelmente diferentes, ao ponto de o cliente não ser capaz de perceber que produtos tão diversos são fabricados pela mesma companhia. Um exemplo é o *mix* da empresa Avon, formado por quatro linhas: cosméticos, joias, vestuário e utilidades domésticas. Dentro dessas linhas, há uma ampla variedade de itens.

É fundamental que a empresa tenha um *mix* de produtos interessantes para seus clientes, pois, quando há maior variedade de itens, maior é a chance de o consumidor escolher um deles. Para se definir um *mix* eficiente, devem ser considerados alguns aspectos, como:

- o tipo de produto/serviço que a empresa oferece;
- o ramo de atividade à que a empresa pertence;
- o perfil dos consumidores e suas preferências;
- sazonalidade;
- o tamanho da empresa e as possibilidades de expansão das instalações;
- o mercado dessa empresa – localização, região, cobertura;
- a oferta da concorrência diferente dos produtos oferecidos.

Figura 1.1 *Mix* de produtos da Nestlé

Nestlé

Coluna 1:
- Acqua Panna
- Nestlé Pureza Vital
- Perrier
- S.Pellegrino

- Alpino
- Baton
- Chocolates Nestlé
- Classic
- Crunch
- Galak
- Garoto
- KitKat
- Lion
- Nestle Mio
- Páscoa Nestlé
- Prestígio
- Suflair
- Talento

- Ninho
- Molico

Coluna 2:
- Bono
- Calipso
- Passatempo
- Negresco
- Tostines

- Chambinho
- Chamyto
- Chandelle
- Grego
- ZeroLacto

- Cheerios
- Corn Flakes
- Nesfit
- Snow Flakes

- Farinha láctea Nestlé
- FiberMais
- Ideal
- Mucilon
- Nestonutri
- Nutren
- Neslac

Coluna 3:
- Gelato
- Sorvetes Nestlé

- Nescafé
- Nescafé Dolce Gusto
- Nespresso

- Nescau
- Nesquik
- Neston

- Nestlé
- Les Recettes de L'Atelier
- Nestlé Professional
- Maggi
- Moça
- Dois Frades

- Papinhas Nestlé

- Purina

Fonte: Elaborado com base em Marcas, [S.d.].

A análise do *mix* de produtos de uma empresa pode ser feita em quatro dimensões: abrangência, extensão, profundidade e consistência. Conheça cada uma delas a seguir:

- **Abrangência:** trata-se do volume de linhas de diferentes produtos que a organização produz. Como você observou na Figura 1.1, acima, a Nestlé oferece uma ampla linha: cosméticos, cafés, sorvetes, rações para animais etc.
- **Extensão:** trata-se do volume de diferentes produtos dentro das linhas. Dentro de cada uma dessas linhas, existe grande quantidade de itens. Na linha de cafés da Nestlé, por exemplo, constam vários itens.
- **Consistência:** é a dimensão que analisa a proximidade e semelhança em que as diferentes linhas de produtos estão posicionadas quanto ao seu uso final. Por exemplo, todos os produtos da Nescafé são subprodutos do café, porém com diferenças de acordo com a necessidade e o desejo dos consumidores.

Quadro 1.1 Dimensão *extensão* da linha de cafés da Nestlé

Nescafé Tradição	Café solúvel disponível nas versões: sachê 50 g e vidros de 100 g e 200 g
Nescafé Original	Café solúvel disponível nas versões: sachê 50 g e vidros de 100 g e 200 g
Nescafé Matinal	Café solúvel disponível nas versões: sachê 50 g e vidros de 100 g e 200 g
Nescafé Descafeinado	Café solúvel disponível na versão: sachê 50 g
Nescafé Dolca	Café solúvel disponível na versão: sachê 50 g
Nescafé com Leite	Café solúvel disponível na versão: lata 330 g
Nescafé Cappuccino Classico	Café solúvel disponível na versão: lata 200 g
Nescafé Cappuccino Tradicional	Café solúvel disponível na versão: lata 200 g
Nescafé Cremoso	Café solúvel disponível na versão: lata 200 g

(continua)

(Quadro 1.1 – conclusão)

Nescafé Smoovlatté Chocomelo	Café solúvel achocolatado disponível na versão: lata 200 g
Nescafé Smoovlatté Chocotino	Café solúvel achocolatado disponível na versão: lata 200 g

Fonte: Elaborado com base em Marcas, [S.d.].

- **Profundidade:** refere-se à variedade de opções, ou versões, para cada produto da linha. A profundidade da linha de cafés da Nestlé, por exemplo, seria levantar todas as variações dos itens. O item Nescafé tem diversas versões, como vemos na Quadro 1.1.
- **Consistência:** é a dimensão associada à proximidade e semelhança em que as diferentes linhas de produtos estão posicionadas quanto ao seu uso final.

1.5 Dimensões

Os produtos podem ser vistos por diferentes pontos de vista, de acordo com o interesse de quem os analisa. No que diz respeito à visão interna da empresa, que tem interesses e percepções distintas dos clientes e da sociedade, é importante considerar as três dimensões do produto: a gerencial, a do consumidor e a social.

- **Dimensão gerencial:** de acordo com a gerência, um produto é visto como o produto total, pois inclui todos os aspectos tangíveis e não tangíveis que a administração quer oferecer. A dimensão gerencial cobre, principalmente, produtos principais, recursos e serviços relacionados a eles.
- **Dimensão do consumidor:** para os consumidores, um produto é um pacote de benefícios. Eles o veem como fonte de satisfação das expectativas e necessidades. Assim, para o consumidor, os benefícios totais recebidos

são importantes. Compreender essa visão é fundamental para as empresas.

- **Dimensão social:** a sociedade considera o produto como uma fonte de bem-estar a longo prazo para as pessoas. A sociedade espera que eles promovam qualidade de vida, segurança e proteção do meio ambiente.

Quando as empresas consideram essas três dimensões em sua análise do produto, elas conseguem ter uma visão mais ampla, procurando coordenar suas ações para atender às necessidades e aos interesses dos envolvidos: gerência, consumidor e sociedade.

1.6 Lançamento

Muitas vezes, temos a impressão de que o mercado está saturado de produtos e marcas e que nossas necessidades (se os nossos recursos fossem ilimitados) estariam satisfeitas com o que é disponibilizado nas prateleiras. Entretanto, sempre há lançamentos e outras novidades sendo introduzidos em nosso cotidiano. Há também certas propostas de inovação que surgem e logo desaparecem por não apresentarem a aceitação esperada.

Para que as organizações saibam se o lançamento de um produto no mercado é viável, alguns pontos podem ser observados e discutidos com os setores competentes para considerar sua aceitação e crescimento no mercado.

O primeiro fator a ser garantido pelas empresas é se o produto tem **características únicas**. Pode não ser uma inovação radical, mas deve ao menos consistir em um novo visual atraente, que fará com que o consumidor tome conhecimento e desperte o interesse em adquiri-lo.

Em seguida, deve-se assegurar que o produto tenha **apelo** em massa, ou seja, verificar se o item é muito segmentado e a possibilidade de diferentes grupos terem interesse em comprá-lo.

As organizações também devem pensar em problemas atuais e propor **soluções** para eles. Se o novo produto não resolver um problema, os consumidores provavelmente não terão nenhuma motivação para comprá-lo.

É fundamental considerar se existe uma oferta poderosa com um preço atrativo. Nesse aspecto, é importante pensar na **relação custo-benefício**, pois, atualmente, as pessoas comparam preços e atributos dos produtos com facilidade pela internet.

Outro ponto a ser garantido é a comunicação inequívoca de como o produto funciona, pois só é possível prender a atenção das pessoas por alguns segundos. Portanto, é um aspecto que deve ser seriamente considerado para rapidamente **provocar interesse** nos potenciais consumidores.

Levando em conta que as organizações devem pensar como seus concorrentes, ao lançarem um produto, as empresas precisam ter em mente que o item é **multifuncional**, pois, caso tenha apenas uma função, um concorrente poderá mais facilmente "roubar" sua ideia (e seus clientes) com um produto similar que ofereça mais funções.

Por fim, é preciso mostrar que o produto é **confiável**. Depoimentos de clientes reais são muito mais fidedignos que de uma propaganda com uma personalidade famosa, que muito provavelmente não utiliza aquele item. As pessoas reais oferecem resultados reais, mas a empresa não deve limitar-se ao depoimento de desconhecidos. As marcas devem também contar com testemunhos profissionais, como médicos e outros especialistas em sua área, para aumentar ainda mais a credibilidade do seu produto.

Considerando todos esses aspectos com clareza, existe uma probabilidade muito maior de êxito no lançamento de um produto. As empresas devem conhecer os itens que oferecem, os benefícios esperados pelos clientes e o momento de inovar, lançar algo novo para atrair novos clientes e agradar os já fiéis à marca.

1.7 Serviços

De acordo com Zeithaml, Bitner e Gremler (2014, p. 4), "nos termos mais simples possíveis: serviços são atos, processos e atuações oferecidos ou coproduzidos por uma entidade ou pessoa, para outra entidade ou pessoa". Portanto, consideramos o serviço como a ação de realizar algo por alguém. Escolas, correios, hospitais, bancos, salas de cinema, transporte, incluindo profissionais, como barbeiros, sapateiros, médicos, mecânicos etc. podem ser incluídos em serviços.

Um serviço é, em grande parte, intangível, característica que se traduz em um grande desafio para as empresas, em especial às áreas de marketing e publicidade, já que elas devem comunicar os benefícios de um serviço traçando paralelos com imagens e ideias tangíveis.

Podemos afirmar que a principal diferença entre serviços e produtos é o fato de que os primeiros estão mais sujeitos às flutuações do dia a dia, como a demanda do consumidor, afetada pela sazonalidade, pelo tempo disponível para acompanhamento do serviço, legislação etc.

São características dos serviços:

- **Intangibilidade:** os serviços são, essencialmente, intangíveis, ou seja, não podem ser tocados. Esse atributo é o principal diferenciador entre serviços e produtos. O seguro de um automóvel, por exemplo, pode ter um certificado, mas o próprio serviço financeiro não pode ser tocado, ou seja, é intangível. Isso torna difícil avaliar a qualidade do serviço antes de consumi-lo, pois há menos atributos de qualidade em comparação a um produto. Uma maneira é considerar a qualidade em termos de pesquisa, experiência e credibilidade.
- **Heterogeneidade ou variabilidade:** por sua natureza, podemos afirmar que cada serviço é único – até quando executado pelo mesmo prestador, ele não pode ser repetido de maneira idêntica. Em empresas que disponibilizam atendimento padronizado, também podem ocorrer pequenas mudanças no serviço em função da experiência do atendente, de horários de pico, da disponibilidade do sistema, entre outras alterações. Portanto, os serviços tendem a variar de uma experiência do usuário para outra.
- **Perecibilidade:** diferentemente dos produtos, os serviços são considerados perecíveis por não poderem ser repetidos exatamente da mesma maneira, tampouco armazenados, salvos, devolvidos ou entregues a outro cliente depois de consumidos. Por exemplo: salas de

cinema que oferecem descontos para os ingressos em dias em que costumam ter menos clientes.

- **Inseparabilidade ou simultaneidade de produção e consumo:** como os serviços são realizados e consumidos no mesmo período e é muito difícil separar um serviço de seu provedor, o consumidor está realmente envolvido no processo de produção que está comprando e ao mesmo tempo em que está sendo produzido. Considere, por exemplo, o fato de que você não pode levar o desempenho de uma peça de teatro para casa para consumi-la posteriormente (o DVD do espetáculo é um produto, não um serviço).

Complementando o *mix*, além do P de *produto*, mais três Ps devem ser compreendidos para tomadas de decisões e ações de marketing de um negócio: preço, praça e promoção.

Segundo Honorato (2004, p. 208), *preço* "é a quantidade de dinheiro, bens e serviços que o consumidor desembolsa para adquirir um produto ou usar um serviço e que a empresa recebe em troca da cessão desse produto ou serviço". Portanto, o preço é a soma de todos os valores que os consumidores trocam pelos benefícios de obter um produto ou utilizar um serviço.

Na visão de Kotler e Armstrong (2003, p. 307), *praça*, ou *canal de distribuição*, é "um conjunto de organizações interdependentes envolvidas no processo de oferecimento de um produto ou serviço para uso ou consumo de um consumidor final ou usuário empresarial". Nesse ponto, consideramos os aspectos relacionados à distribuição, à cobertura geográfica de atendimento do produto e à gestão dos estoques necessários para garantir o fornecimento das mercadorias.

O conceito de *promoção*, que veremos em capítulo exclusivo, pode ser resumido como todo o esforço feito para levar o produto até o comprador, iniciativa que inclui as atividades de propaganda, relações públicas, promoção de vendas e marketing direto.

No que diz respeito ao marketing de serviços, além desses itens que compõem o *mix* de marketing, podem ser adicionados mais três novos elementos, exclusivamente, para serviços: pessoas, processos e evidências físicas.

- **Pessoas:** as pessoas são um fator determinante em um processo de entrega de serviço, já que ele é inseparável da pessoa que o fornece. As organizações devem capacitar suas equipes de modo que elas disponham de habilidades interpessoais apropriadas, aptidão e conhecimentos para uma oferta de qualidade. Pense, por exemplo, em um restaurante conhecido tanto pela sua comida como pelo serviço prestado pela sua equipe.
- **Processo:** o processo de prestação de serviços é crucial, pois garante que o mesmo padrão de qualidade do serviço seja repetidamente entregue aos clientes. Por isso ele é fundamental, principalmente porque os serviços são intangíveis.
- **Evidência física (*Physical evidence*):** como os serviços são intangíveis por natureza, a maioria dos provedores de serviços se esforça para incorporar certos elementos tangíveis em suas ofertas para aprimorar a experiência do cliente. Assim, existem salões de cabeleireiros que dispõem áreas de espera bem projetadas, aparelhos modernos para tratamentos faciais, utilizam marcas renomadas de químicas para cabelo, entre outros diferenciais para destacar seus serviços de qualidade.

Para saber mais

O setor de serviços brasileiro tem papel fundamental na composição do PIB. Se ficou interessado em se aprofundar no tema, sugerimos a leitura dos relatórios do IBGE:

IBGE – Instituto Brasileiro de Geografia e Estatística. **Serviços**. Disponível em: <https://brasilemsintese.ibge.gov.br/servicos.html>. Acesso em: 5 abr. 2019.

Perguntas e respostas

Quais são os principais tipos e classificações de produtos?

Tipos de produto: itens de consumo (de conveniência, comparação, duráveis ou não duráveis) e itens industriais. A fase em que se encontra do ciclo de vida também é um fator importante. São elas: introdução, crescimento, maturidade e declínio. O portfólio de valor também é fundamental para a classificação do produto: item básico, real ou ampliado.

Síntese

Neste capítulo, estudamos as definições de *produto*, sua importância e sua relação com os demais componentes do *mix* de marketing – promoção, praça e preço. O produto é considerado o principal item do composto em virtude de os demais elementos serem elaborados a partir da sua definição.

Apresentamos os tipos de produtos e sua classificação básica – itens de consumo e industriais – e suas características e principais diferenças. Também elencamos as diferentes fases do ciclo de vida, os itens a serem considerados pelas empresas em cada uma delas e os três níveis que compõem o portfólio de um produto: produto básico, real e ampliado.

Tratamos da importância do *mix* de produtos para a geração de variedade e aumento de vendas. Além disso, abordamos as dimensões do *mix* quanto às linhas de produtos e o fato de que um produto não é apenas um item, mas um pacote de satisfação física e psicológica. Procuramos demonstrar que, além do ponto de vista da empresa, há outros a serem atendidos, com necessidades diferentes a serem observadas.

Abordamos, ainda, todos os aspectos a serem considerados antes do lançamento de um produto no mercado, pois os investimentos são altos para não considerar todas as possibilidades de reduzir as chances de insucesso.

Finalizamos o capítulo com diferentes conceitos de serviço e as principais diferenças em relação aos produtos físicos e os atributos que devem ser pensados na composição do *mix* de marketing para esses índices.

Questões para revisão

1) (UFF – 2009) Um mix de produtos é o conjunto de todos os produtos e itens que uma empresa põe à venda. O atributo do mix de produtos que se refere a quantas opções são oferecidas em cada produto na linha denomina-se:
   a) diversidade.
   b) variedade.
   c) abrangência.
   d) extensão.
   e) profundidade.

2) (Concurso Eletrobras – 2010) Profissionais de marketing utilizam diversas ferramentas para obter as respostas desejadas de seus mercados-alvo. Essas ferramentas constituem o composto de marketing. Relacione os elementos

do composto de marketing, apresentados na coluna da esquerda, às suas respectivas variáveis, entre as indicadas na coluna da direita.

I – Praça	P – qualidade, embalagem e nome da marca.
II – Promoção	Q – canais, cobertura e estoque.
III – Produto	R – relações públicas, publicidade e marketing direto
IV – Preço	

Qual associação está correta?

a) I-Q; II-P; III-R.
b) I-Q; II-R; III-P.
c) I-P; II-Q; IV-R.
d) II-P; III-R; IV-Q.
e) II-R; III-P; IV-Q.

3) (Concurso TRT 8ª região – 2013) Na administração de recursos materiais, o estágio do ciclo de vida do produto no qual o volume vendido não se altera rapidamente, podendo ser absorvido nos perfis de distribuição de produtos similares já existentes, corresponde à fase de:
a) Crescimento
b) Maturidade
c) Declínio
d) Concepção
e) Introdução

4) O produto é o primeiro elemento do *mix* de marketing, pois os demais formadores do composto são dependentes do seu conhecimento. Promoção, praça e preço só podem ser estabelecidos depois de conhecidos os atributos do produto. Diversas características são definidas para melhor compreender os produtos, mas a fundamental é a sua classificação em tipo de produto. Como podemos classificá-los?

5) O número de atributos de um produto vai além do que o consumidor percebe no momento da compra. Por isso, as empresas precisam considerar os níveis de produtos integrantes do portfólio de valor. Quais são os níveis de produto envolvidos em qualquer compra?

2
Mercados consumidores

Conteúdos do capítulo

- Definição de *mercado* e *mercado-alvo*.
- Tipos e estruturas de mercado.
- Estimativas e pesquisa de mercado.
- Potencial de mercado.

Após o estudo deste capítulo, você será capaz de:

1. conceituar *mercado* e *mercado-alvo*;
2. analisar os tipos de mercado e suas estruturas: monopólio, oligopólio, concorrência perfeita e concorrência monopolista;
3. realizar estimativas e pesquisas de mercado, fundamentais para as tomadas de decisões das empresas;
4. estabelecer a capacidade de um mercado de absorver uma quantidade específica de vendas de um produto.

Após definirmos o que é um produto, precisamos abordar as definições e características do mercado, pois é nesse cenário que os produtos são comercializados. É nesse âmbito que ocorrem as interações entre compradores e vendedores de um bem ou serviço específico. O mercado pode ser físico – um espaço real onde as trocas ocorrem presencialmente, como em um mercado ou centro comercial – ou virtual, no qual a mesma transação pode ocorrer, porém sem a interação pessoal entre compradores e vendedores, como é realizado em um mercado *on-line*.

Podemos definir *mercado*, em sentido amplo, como o local onde existe a comercialização direta de bens e serviços. Considerando a evolução das tecnologias e formas de consumo, não podemos mais considerar atualmente *mercado* como um lugar físico. O conceito foi expandido para considerar toda a cobertura geográfica na qual existam relações de compra e venda, seja regional, seja global.

O valor, o custo e o preço dos itens negociados estão submetidos às forças da oferta e da demanda em um mercado. Como tal, envolve todos os clientes com os recursos e a capacidade de compra, todos os distribuidores ou intermediários envolvidos e quaisquer empresas concorrentes ou colaboradoras envolvidas na fabricação.

A maioria dos mercados consiste em grupos de intermediários entre o primeiro vendedor de uma mercadoria e o comprador final. Há inúmeros tipos de intermediários, desde corretores nas bolsas de produtos até uma mercearia de bairro. Eles podem ser simples distribuidores, ou podem armazenar, classificar e embalar os produtos para seus clientes. Em geral, a função de um mercado é coletá-los de fontes dispersas e canalizá-los para pontos de venda dispersos. Do ponto de vista do vendedor, os distribuidores direcionam a demanda por seu produto; do ponto de vista do comprador, eles trazem suprimentos ao seu alcance.

O tamanho do mercado também pode ser aumentado ou diminuído por meio de legislação que restringe a compra do produto por parte dos consumidores; permite que um número maior de pessoas possa comprar.

2.1
Mercado-alvo

Um mercado-alvo é definido como um grupo delimitado de consumidores potenciais (público-alvo) que uma organização visa atingir para vender seus produtos e serviços, ou seja, o conjunto de pessoas que mais provavelmente terá interesse em adquirir seus produtos ou serviços. As empresas devem, portanto, resistir à tentação de querer atender todos os grupos de pessoas na esperança de obter uma fatia maior do mercado. Seria como disparar dez balas em direções aleatórias em vez de mirar em apenas uma direção.

As organizações que conhecem seu mercado-alvo têm mais possibilidades de promover seus produtos e serviços em canais específicos e, dessa maneira, conseguem se comunicar com as pessoas certas, utilizando as ferramentas adequadas. Por exemplo: anunciar aluguel de quitinetes em murais de uma universidade próxima ao endereço pretendido é muito mais eficaz e direcionado do que fazê-lo em uma escola infantil.

Para conhecer seu mercado-alvo, a empresa pode identificar algumas características que definem seu público, como:

- sexo;
- idade;
- principal ocupação/profissão;
- local em que vivem e se esse é um fator limitante por algum motivo;
- renda mensal (caso você esteja vendendo itens relativamente caros ou de luxo, esse fator é significativo).

Com base nessa primeira definição a respeito possível consumidor do produto ou serviço, é o momento de procurar tornar ainda mais específico o conhecimento da organização sobre esse grupo de pessoas. Existem várias maneiras de definir um mercado-alvo, com base em características e perfis diferentes. Para isso, a empresa precisa decidir qual abordagem é mais adequada para descrever exatamente seu cliente perfeito:

- **Consumidor ou empresa:** o cliente é uma empresa – uma oferta B2B (*business to business*) – ou pessoa física, uma relação B2C (*business to consumer*).
- **Segmentação geográfica:** as lojas locais físicas podem descobrir que seus clientes mais prováveis estão em um raio de poucos quilômetros de sua loja. Esse mercado-alvo é definido geograficamente, com base no local de moradia, de trabalho, em que passam férias ou fazem negócios.
- **Segmentação demográfica:** definição de potenciais clientes em termos de sexo, idade, nível de renda e escolaridade, estado civil etc.

- **Segmentação psicográfica:** há ocasioes em que os clientes não se encaixam em um grupo específico com base em características externas, mas, sim, com base em personalidade, atitudes, interesses, estilo de vida e valores internos.
- **Geração:** definição do mercado-alvo com base na geração em que seus clientes nasceram, como *baby boomers* – mais conservadores nos hábitos de consumo – ou geração Y – mais informais e imediatistas.
- **Estágio de vida:** mercados-alvo definidos de acordo com o estágio da vida de seus clientes-universitários, recém-formados, aposentados, recém-casados, pais de crianças pequenas, entre outros.
- **Comportamental:** definição baseada na frequência de uso, ou comportamento, que pode ser uma boa escolha para salões de manicure, lavagens de carros ou aluguéis de férias, por exemplo.

Conforme a empresa amplia seus conhecimentos sobre atributos e características do seu mercado-alvo, ela precisa considerar outras questões, como: saber se o mercado é consistente, isto é, se existe um número suficiente de clientes que atendam aos critérios levantados por ela. Observe outras questões importantes, a seguir:

- O mercado-alvo realmente irá se beneficiar do produto/serviço oferecido, ou seja, ele irá suprir uma necessidade desse conjunto de pessoas?
- Após atender às necessidades do mercado inicial, haverá ainda interesse na aquisição dos mesmos produtos. Com que frequência?

- O público-alvo definido tem condições de pagar pelo preço desse produto ou serviço praticado atualmente?
- Quais são os gatilhos que motivam seus clientes a comprar seus produtos ou serviços?
- Os clientes são atingidos com a mensagem publicitária utilizada na atualidade. Eles são facilmente acessíveis?

Figura 2.1 Apresentação da marca Lola Cosmestics

Fonte: Lola Cosmetics

Estudo de caso

Irreverência e criatividade: estudo de caso da marca Lola Cosmetics

A empresa Lola Cosmetics surgiu com uma proposta irreverente e com muita consciência para atender as mulheres em suas maiores insatisfações, ou dramas, como a própria marca conceitua: os cabelos. A Lola é uma empresa vegana, ou seja, não usa produtos de origem animal e não fazem testes com animais.

Seus produtos são divertidos e suas campanhas, ousadas. Com essa experiência inovadora conquistou um nicho de mercado de mulheres que se preocupam tanto com a aparência quanto com a sustentabilidade (foram lançadas recentemente embalagens de vidro para reutilização) e proteção animal – eles contêm a *hashtag* #alolaamabichíneos.

Nas prateleiras de supermercados, farmácias e lojas de cosméticos, existem centenas de produtos diferentes com preços, embalagens e qualidades variadas, porém mesmo em um mercado altamente concorrido, a Lola Cosmetics encontrou o seu espaço. Fundada em 2011, teve um crescimento de mais de 100% nos primeiros anos, e em seis anos após seu lançamento, está presente em mais de 5 mil postos de vendas no Brasil.

Esse tipo de experiência revela que, mesmo em um mercado já consolidado por marcas fortes, produtos que atendem todos os gostos, bolsos e tipos de cabelo, ainda existe espaço para quem faz diferente. Se a empresa tivesse que disputar as prateleiras com a mesma proposta já existente, talvez não tivesse deslanchado, mas suas embalagens com nomes divertidos como "Meu cacho, minha vida", embalagens com *pinups* tatuadas, e uma proposta diferenciada, conquistou seu próprio mercado-alvo e ainda o segmentou em mulheres com cabelos cacheados, loiras, com químicas etc.

Fonte: Elaborado com base em Ferreira, 2017.

Figura 2.2 Nome e descrição não convencional de produto da Lola Cosmetics

É importante salientarmos que, quando nos referimos a *mercado-alvo*, não significa que a empresa deve ficar limitada eternamente a apenas um segmento. Ela pode atender mais de um nicho, dependendo de suas linhas de produtos, porém deve considerar que os levantamentos e ferramentas de comunicação também serão diferentes para cada segmento.

2.2 Tipos e estruturas de mercado

Como é de amplo conhecimento, tanto indivíduos quanto organizações precisam comprar itens para realizar suas tarefas diárias e suprir suas necessidades. No entanto, os motivos que levam uma organização a comprar bens e serviços, bem como a maneira como faz isso, não são iguais aos de um indivíduo. Para compreender essas diferenças, devemos separar o mercado em dois segmentos: **mercado organizacional** e **mercado consumidor**. A principal diferença entre eles é que as empresas adquirem produtos e serviços para suas operações internas, enquanto os consumidores o fazem para uso pessoal. As organizações também adquirem mais matérias-primas (como madeira, aço e outros itens necessários para fabricação) do que os indivíduos, que, comumente, não têm ferramentas para utilizar essas matérias-primas em larga escala como produto. Além disso, as organizações geralmente adquirem bens em volumes maiores do que as quantidades compradas pelos indivíduos e são impulsionadas pela demanda dos clientes e pela necessidade de materiais de fabricação. Os consumidores, por sua vez, são motivados tanto pela necessidade quanto pelo desejo.

É possível incentivar um consumidor a comprar algo de que ele não precisa, utilizando-se de marketing efetivo, que leva a uma compra por impulso, mas é muito mais difícil atrair uma organização para a compra de um produto não necessário, especialmente quando se trata de um departamento de compras, com planejamento e orçamentos aprovados por outras instâncias.

As organizações geralmente compram em massa, enquanto os consumidores compram unidades ou pequenos volumes. Por exemplo: um consumidor pode comprar três litros de tinta branca para pintar sua casa, ao passo que uma organização pode vir a precisar de 3 mil galões para pintar unidades de estantes para revenda. O mercado organizacional também é mais condensado – é possível que um negócio seja bem-sucedido apenas para um pequeno número de clientes organizacionais – enquanto as empresas que normalmente se concentram nos consumidores finais vendem quantidades menores a mais pessoas.

Além dessas diferenças, ainda existe outra classificação quanto aos tipos de mercado do ponto de vista econômico. Algumas estruturas de mercado diferentes podem determinar uma economia em que cada um desses mercados tem seu próprio conjunto de características e premissas, que, por sua vez, afetam a tomada de decisões das empresas e os lucros que podem alcançar.

Vamos analisar cada uma dessas estruturas a seguir baseados em Garcia e Vasconcellos (2005) e Montella (2004).

2.2.1
Concorrência perfeita

A concorrência perfeita descreve uma estrutura de mercado na qual uma grande quantidade de pequenas empresas compete entre si. Nesse cenário, uma única organização não tem nenhum poder significativo de mercado – como capacidade de influenciar os preços – e todas as empresas, produzindo conjuntamente, conseguem atender às necessidades do mercado, satisfazendo sua demanda.

O conceito de *concorrência perfeita* está fundamentado nas seguintes premissas:

- as empresas envolvidas no mercado maximizam seus lucros;
- não existem barreiras de entrada e saída no mercado;
- não há diferenciação nos produtos fabricados e vendidos pelas empresas participantes.

Observe que, de acordo com esses princípios, podemos concluir que é praticamente nula a chance de se encontrar essa situação na realidade.

2.2.2
Concorrência monopolística

A concorrência monopolística é uma estrutura de mercado que combina elementos de monopólio e mercados competitivos. Esse mercado opera com liberdade de entrada e saída e as empresas podem destacar seus produtos procurando oferecer diferenciais e singularidades, mas todos competem, essencialmente, pelos mesmos clientes.

A concorrência monopolista tem as seguintes características:

- muitas empresas;
- liberdade de entrada e saída;
- as empresas criam produtos diferenciados;
- as empresas têm demanda inelástica de preço; são os fabricantes de preços porque o bem é altamente diferenciado;
- as empresas obtêm lucros normais em longo prazo, mas poderiam obter lucros supernormais em curto prazo.

Esses princípios estão um pouco mais próximos da realidade do que os da concorrência perfeita. No entanto, essa estrutura de mercado não resulta em um nível de produção socialmente ótimo porque as empresas têm mais poder e podem influenciar os preços de mercado até certo ponto.

2.2.3
Oligopólio

Um oligopólio é um segmento dominado por algumas grandes empresas; por exemplo, se um determinado mercado tem índice de concentração de poucas empresas que conseguem reunir mais da metade do volume de vendas, esse mercado pode ser considerado oligopólio. Essas grandes empresas unem forças para aumentar ou abaixar os preços e demais fatores competitivos. Alguns exemplos de oligopólios: indústria automobilística – economias de escala incluem fusões, de modo que grandes multinacionais dominam o mercado; varejo de gasolina; indústria farmacêutica; meios de comunicação etc.

São princípios dos oligopólios:

- **Interdependência das empresas:** as organizações são afetadas pela forma como outras empresas definem preço e produto.
- **Barreiras à entrada:** existem algumas barreiras à entrada para permitir que as empresas obtenham uma participação de mercado significativa. Essas barreiras à entrada podem incluir fidelidade à marca ou economias de escala.
- **Produtos diferenciados:** as empresas frequentemente competem pela concorrência sem preço, destacando a importância da publicidade e qualidade do produto como diferenciais.

2.2.4
Monopólio

Um monopólio refere-se a uma estrutura de mercado na qual uma única empresa controla todo o mercado. Nesse cenário, a empresa tem o mais alto nível de poder de mercado, já que os consumidores não têm alternativas. Como resultado, os monopolistas, muitas vezes, reduzem a produção para aumentar os preços e obter mais lucros.

Em um mercado de monopólio, fatores como licença governamental, propriedade de recursos, direitos autorais e patentes e alto custo inicial tornam uma entidade um único vendedor de bens. Todos esses fatores restringem a entrada de outros vendedores no mercado. Os monopólios também detêm algumas informações que não são conhecidas de outros vendedores.

São premissas dos monopólios:

- a empresa monopolista maximiza seu lucro;
- como não há outros competidores, o preço é definido pela empresa;
- existem muitas barreiras para entrada e saída de empresas neste mercado.

2.3 Estimativas e pesquisa de mercado

Todas as atividades das vendas e do marketing devem ser direcionadas ao consumidor. Por isso, é preciso estabelecer o tamanho do mercado para que se possa produzir, comercializar e atender a todos os consumidores.

Devemos, então, conhecer alguns aspectos da pesquisa de mercado, como: quem compra, por quê, onde, quando, o quê e como compra.

Segundo Kotler e Keller (2006), as empresas têm condições de criar até 90 possíveis combinações de estimativas de demanda, se considerarem variações como:

- **nível espacial** (onde se localiza geograficamente a demanda);
- **nível de produto** (análise das vendas totais, setoriais, vendas da empresa por linhas de produtos, itens etc.);
- **nível temporal** (períodos de análise da demanda da empresa: curto, médio e longo prazo).

Também é importante determinar o tamanho do mercado interessado em adquirir determinada mercadoria, chamado de *mercado potencial*.

O mercado potencial é a parte da população total que demonstra algum nível de interesse em comprar determinado produto ou serviço. Esse grupo inclui indivíduos, empresas e organizações. O tamanho de um mercado potencial permite que a empresa entenda o nível de investimento que deve fazer nele, levando em consideração outros fatores. Se ele é muito pequeno, significa que há uma fração muito reduzida da população total interessada no produto ou na categoria.

Isso significa que é melhor que a empresa não invista mais em produtos ou categorias que as pessoas não desejam adquirir. Se o tamanho do mercado potencial é grande, significa que há uma considerável fração da população total que está mostrando interesse no produto, portanto mais investimentos podem ser feitos no desenvolvimento ou modificação do produto, marketing, promoções etc. O tamanho do mercado potencial fornece uma estimativa do que toda empresa deve fazer e quanto deve investir.

Como muitas vezes o mercado potencial é vasto, deve-se restringi-lo ainda mais para considerar números mais próximos da realidade. Assim, define-se qual é o mercado potencial disponível, que pode ser classificado com base nos seguintes perfis de consumo:

- pessoas que já são consumidoras do produto;
- pessoas que ainda não são consumidoras, mas se enquadram dentro do perfil de cliente;
- pessoas que compram do concorrente e não estão satisfeitas;
- pessoas que compram do concorrente, estão satisfeitas, mas não são fiéis à marca.

Dentro dessas análises de tamanho do mercado, a empresa deve:

- considerar se, de acordo com o potencial do mercado, a empresa tem condições de definir seu cronograma de distribuição;
- determinar a capacidade de produção para poder suprir à demanda de um mercado potencial disponível;
- considerar investimentos necessários no setor produtivo para atender esse mercado potencial disponível;
- considerar a melhor logística e localização, com o objetivo de minimizar custos com transporte, abastecimento e expedição.

Uma das maneiras de quantifica o tamanho do mercado existente e sua projeção futura é fazer uma previsão de vendas, "uma estimativa de vendas (em dinheiro ou em unidades) que uma empresa espera alcançar durante um determinado período especificado, num determinado mercado e segundo um plano de marketing proposto" (Stanton; Spiro, 2000, p. 331).

De acordo com Castro e Neves (2012, p. 86),

> a previsão de vendas é uma das principais tarefas administrativas, sendo a base do planejamento estratégico. Ela fornece informações para a área de produção sobre volumes de compra, de finanças sobre a captação e aplicação dos recursos necessários, a área de recursos humanos sobre o número e especialização da força de trabalho e assim por diante.

Para a definição de territórios de alcance ou expansão, também é possível utilizar avaliação dos vendedores, estabelecimento de metas e cotas, escolha de representantes ou vendedores contratados, entre outras iniciativas.

É fundamental que as empresas estimem suas vendas, com base em previsões para melhor gerenciar seus recursos físicos, financeiros e humanos. A previsão de vendas permite que as organizações destinem recursos com eficiência para atividades e melhorias que trarão melhores resultados.

A organização pode dispor de três técnicas para estimar o potencial de mercado e de vendas de um determinado produto. De acordo com Oliveira (2012, p. 317), são as seguintes:

- Cálculo do fator de mercado: trata-se de variável correlacionada a demanda de um determinado produto. "A técnica de dedução do fator de mercado determina os potenciais de mercado e de vendas". Trata-se de uma técnica simples, aplicável e com muitas vantagens.
- Pesquisas das intenções do comprador: consiste em abordar possíveis clientes, questionando o interesse em adquirir determinado produto ou serviço pelo preço proposto.
  A principal vantagem é a utilização de informações reais obtidas diretamente dos consumidores, porém seu custo de aplicação é elevado e pode conduzir a resultados imprecisos.
- Testes de mercado: esta técnica pressupõe a introdução e comercialização experimental de um novo produto em determinado mercado com características semelhantes aos outros onde a empresa já atua. A partir desse experimento, a demanda neste mercado teste é replicada com a finalidade de prever as vendas em outras regiões. É considerada a técnica que gera estimativas mais precisas sobre o potencial de vendas de novos produtos.

2.4
Potencial de mercado

Já demonstramos brevemente o que é potencial de mercado. Com base nessas informações, apresentaremos conceitos e classificações para que as empresas possam calcular o tamanho do mercado com mais precisão possível, evitando gastos desnecessários, ou o oposto, deixando de investir no tempo certo no que poderia trazer mais retorno. Como se calcula esse potencial de mercado? Para Cobra (2011, p. 83),

> o potencial de mercado é calculado para representar a capacidade de um mercado de determinada área ou a de um ramo de atividades em absorver uma quantidade específica de vendas de um produto. O potencial de vendas é uma parcela do potencial do mercado que uma empresa pode razoavelmente esperar obter.

A seguir, apresentamos a tabela do fluxo de encadeamento onde o potencial está localizado entre a demanda e a previsão de mercado (Kotler, 2009).

Quadro 2.1 Encadeamento: demanda, potencial, previsão

	Mercado	Empresa
Demanda	Demanda de mercado	Demanda da empresa
Potencial	Potencial de mercado	Potencial de vendas da empresa
Previsão	Previsão do mercado	Previsão de vendas da empresa

São usos do potencial de mercado, segundo Cobra (2011, p. 85-86):

- Avaliar o desempenho de vendas.
- Determinar as áreas para a alocação da força de vendas.
- Segmentar o mercado, por territórios, produtos etc.

- Identificar os limites dos territórios e proporcionar critérios para o zoneamento.
- Ajudar a realizar a previsão de vendas.
- Estabelecer metas por linhas de produtos, por territórios e por vendedores.
- Dirigir a cobertura da propaganda do merchandising e da promoção.
- Estabelecer a política de distribuição.
- Estabelecer critérios para remuneração de vendedores.
- Estabelecer parâmetros para medir o desempenho de vendedores e representantes.
- Calcular a participação de mercado da empresa.

O **potencial total do mercado** é calculado pela multiplicação do número de compradores no mercado pelo comprador da quantidade e pelo preço de uma unidade do produto. Por exemplo: se houver um milhão de potenciais compradores de determinado produto no mercado e o comprador médio comprar quatro unidades a cada ano, a um preço de R$ 1,00 por unidade, o potencial total do mercado para esse ano é de um milhão × 4 × R$ 1,00, ou seja, 4 milhões de reais. O potencial de mercado total pode ser expresso em valores monetários ou unidades.

Podem ser definidos cinco elementos para determinar o potencial de um mercado:

1) **Tamanho do mercado:** o primeiro e mais importante fator a ser considerado é o tamanho do mercado de determinada empresa. O tamanho do mercado é o potencial total de vendas do mercado de todas as empresas juntas.

2) **Taxa de crescimento do mercado:** a tendência na indústria é importante, pois pode prever o futuro dos produtos de uma empresa. A taxa de crescimento do mercado pode ser determinada pela verificação dos fatos e números dos últimos cinco anos da indústria em que determinada empresa se encontra. Muitos *sites* de negócios e economia fornecem esses dados e publicam análises de quais são as indústrias que estão crescendo e em que porcentagem.

3) **Rentabilidade:** determinar e prever a lucratividade da organização é importante para entender o potencial do mercado. Se o negócio da empresa não gera alta rentabilidade, então, precisa compensar com alto volume de produção. Assim como se a empresa comercializar poucas unidades, precisa considerar que seu lucro por unidade precisa ser maior.

4) **Concorrência:** a empresa precisa conhecer e entender a concorrência em um setor para determinar o potencial de mercado do produto que vai lançar. Se houver competição elevada, as barreiras de entrada serão altas e, ao mesmo tempo, estabelecer-se exigirá altos investimentos. Quando a concorrência é baixa, a percepção do mercado também será baixa. Nesse tipo de mercado, tanto uma organização quanto outra concorrente têm a mesma probabilidade de influenciar potenciais compradores. Determinar o potencial de mercado requer que a empresa entenda a posição de vários concorrentes e, também, exige que ela tenha os planos necessários para entender como lidar com esses concorrentes quando chegar a hora.

5) **Produto e tipo de consumidor:** a empresa precisa considerar se o produto que comercializa é de compra repetida ou única, para que possa saber com que frequência o seu produto será comprado novamente. Se o item for completamente novo, é preciso saber, então, qual a probabilidade de o cliente aceitá-lo, quais os obstáculos a serem enfrentados na sua adoção e se a organização tem condições de prevê-los antecipadamente.

Para saber mais

Há uma relação bastante considerável entre as diferentes gerações e seus hábitos de consumo. Você conhece os hábitos de consumo da sua geração? Se quiser conhecer mais, sugerimos dois artigos para sua leitura:

DEARO, G. Como a diferença de gerações muda os hábitos no mundo online. **Exame**. 14 jun. 2018. Disponível em: <https://exame.abril.com.br/marketing/como-a-diferenca-de-geracoes-muda-os-habitos-no-mundo-online/>. Acesso em: 6 maio 2019.

COVRE, R. Quem gasta mais: *baby boomers*, geração x ou geração y? **Consumidor Moderno**, dez. 2017. Disponível em: <https://www.consumidormoderno.com.br/2017/09/01/quem-gasta-mais-baby-boomers-geracao-x-ou-geracao-y/>. Acesso em: 05 abr. 2019.

Perguntas e respostas

Por que é importante que as empresas determinem seu público-alvo?

As organizações que conhecem seu mercado-alvo têm mais possibilidades de promover seus produtos e serviços em canais específicos e, dessa maneira, conseguem se comunicar com as pessoas certas, utilizando as ferramentas adequadas.

Quais são os aspectos que uma organização pode utilizar para definir seu mercado-alvo?

A empresa precisa levantar os seguintes elementos: se se trata pessoa física ou jurídica; onde essas pessoas estão localizadas; quais são suas características demográficas e psicográficas; à que geração pertencem e qual seu estágio de vida; qual a frequência com que usam o produto/serviço.

Síntese

Neste capítulo, abordamos o que é *mercado* e *mercado-alvo*, bem como demonstrarmos maneiras de identificar os potenciais consumidores de um produto para que a comunicação seja mais eficiente e que o conhecimento necessário a respeito das características e volume de clientes potenciais seja reunido. Além disso, discorremos sobre estimativa do mercado pela análise dos níveis de produto e dos níveis espaciais temporais, para que seja possível conhecer quais são os mercados: potencial, disponível, alvo e atendido.

Para compreender qual é o cenário em que a empresa atua, apresentamos os conceitos de *monopólio*, *oligopólio*, *concorrência perfeita* e *concorrência monopolista*.

Também elencamos as informações sobre a importância da pesquisa de mercado para as tomadas de decisões das empresas, identificando o que é o potencial de mercado e como a empresa pode calcular as previsões de vendas de produtos novos e já comercializados.

Concluímos o capítulo tratando de potencial de mercado e dos cinco elementos que podem ser utilizados para determiná-lo.

Questões para revisão

1) Sobre a classificação dos tipos de mercado do ponto de vista econômico, faça as associações entre as estruturas e suas características:
   I) Concorrência perfeita
   II) Concorrência monopolística
   III) Oligopólio
   IV) Monopólio

   a) Não há barreiras de entrada e saída no mercado.
   b) Existe apenas uma empresa que domina todo o mercado.
   c) Todas as empresas vendem bens completamente idênticos.
   d) Há apenas algumas empresas que dominam o mercado.

   a) I-C; II-A; III-D; IV-B.
   b) I-D; II-C; III-A; IV-B.
   c) I-A; II-B; III-C; IV-D.
   d) I-C; II-D; III-A; IV-B.

2) É fundamental que a empresa conheça o tamanho do seu mercado a fim de determinar produção, distribuição e comunicação, para atender a maior cobertura possível desse mercado. Para tanto, a organização pode usar, entre outras, as seguintes decomposições:
   I) Mercado potencial: é o conjunto de consumidores que demonstram interesse por uma oferta.
   II) Mercado real: aquele totalmente conhecido pela empresa, com base em sólidas pesquisas de mercado.
   III) Mercado disponível: é o conjunto de consumidores que têm renda, interesse e acesso à determinada oferta.
   IV) Mercado atendido: é o conjunto de consumidores que já adquirem e utilizam o produto da empresa.

Estão corretas as afirmativas:

a) I, II e III.
b) I, III e IV.
c) I, II e IV.
d) Todas as afirmativas.

3) Todas as atividades das vendas e do marketing devem ser direcionadas ao consumidor, por isso precisamos estabelecer qual o tamanho do nosso mercado, para produzir, comercializar e atender a todos os nossos consumidores. Dependendo do tamanho do mercado, devemos determinar algumas ações, entre elas:

I) Previsão da demanda de mercado para estabelecimento do cronograma de planejamento da distribuição.
II) Determinação da capacidade de produção para atender à demanda total do mercado.
III) Decisão das necessidades de incrementos da produção para atender à demanda total do mercado.
IV) Localização das fábricas, se ficarão mais próximas de fontes de matérias-primas ou do mercado consumidor, para minimizar os custos de transporte, abastecimento e expedição.

Estão corretas as alternativas:

a) I, II e III.
b) I, III e IV.
c) I, II e IV.
d) II, III e IV.
e) Todas estão corretas.

4) É imprescindível que a empresa faça uma previsão de vendas para que compreender o tamanho do seu mercado e tenha uma estimativa de vendas que pretende atingir em

determinado período de tempo e em certo mercado. Para determinar o potencial do mercado, a organização deve considerar cinco fatores. Comente esses fatores.

5) O potencial de mercado deve ser calculado para se evitar distorções que possam prejudicar as avaliações que estejam sendo geradas. Comente alguns dos usos do potencial de mercado.

3
Promoção, composto promocional e varejo

Conteúdos do capítulo

- Conceito de *promoção*.
- Composto promocional.
- Características do varejo.
- Principais tipos de varejistas.
- Composto varejista.

Após o estudo deste capítulo, você será capaz de:

1. explicar o que é *promoção* e como ela se enquadra no *mix* de marketing;
2. elencar cada uma das ações do composto promocional: propaganda, relações públicas, venda pessoal, marketing direto e promoção de vendas;
3. utilizar as principais técnicas utilizadas nas promoções de vendas, como concursos, brindes, causas e caridade, presentes, campanhas Leve 3, Pague 2;
4. conceituar *varejo* e seus tipos: loja de conveniência, lojas especializadas, supermercados, lojas de desconto e de departamentos, armazéns, loja virtual e *showroom* e lojas *pop-up*;
5. compreender o que é *marketing de varejo* e quais as variáveis do composto varejista (6Ps).

O conceito de *promoção* pode ser facilmente confundido por algumas pessoas com o conceito de *marketing*, pois consideramos que ele é o ato de divulgar a empresa, seus produtos e serviços. Entretanto, a promoção é um dos chamados *4 Ps do composto de marketing*, que envolvem, além dele, a praça, o produto e o preço. No Capítulo 1 deste livro, já tratamos dos 4 Ps do composto de marketing, com foco no produto. Agora, trataremos de forma mais detalhada sobre praça e preço, para, depois, discutirmos sobre promoção.

A **praça** refere-se à distribuição, ou aos métodos e localização, que as empresas usam para que seus produtos ou serviços sejam acessíveis aos clientes-alvo. Os produtos ou serviços determinam como devem ser distribuídos. Se analisarmos uma loja de varejo, por exemplo, a cadeia de distribuição termina nela, pois ela fornece a seus clientes diretamente. Contudo, se considerarmos uma fábrica, suas opções serão vender seus produtos diretamente ou vendê-los para varejistas ou fornecedores como sua estratégia de distribuição.

O **preço** é a quantia de dinheiro que os clientes têm de pagar em troca de determinado produto ou serviço. Uma vez que uma compreensão concreta da oferta do produto está estabelecida, é possível tomar algumas decisões de preços. Determinar o preço certo para um produto pode ser um pouco complicado, pois a estratégia de preços de uma empresa deve refletir o posicionamento do seu produto no mercado e o preço resultante deve cobrir o custo por item e a margem de lucro. O valor não deve projetar seu negócio como tímido ou ganancioso.

A **promoção** é a parte do marketing em que a empresa anuncia e comercializa seu produto, também conhecida como *estratégia promocional*. Por meio dessa ferramenta, a organização permite que potenciais clientes saibam o que ela está vendendo. Ela envolve, especificamente, a comunicação de informações de empresas ou produtos para clientes direcionados e é um componente chave do sistema de marketing mais amplo por ser o que geralmente faz com que os clientes estejam cientes da empresa, atraídos pela sua marca, interessados em comprar e, finalmente, tornem-se clientes fiéis. Publicidade, relações públicas e vendas pessoais são três métodos básicos de promoção, embora novas técnicas tenham surgido nos últimos anos, principalmente em razão dos avanços da internet e a participação e aumento da confiança das pessoas nessa plataforma.

A ideia da promoção é fazer com que uma marca chegue a seus clientes ou àqueles que a empresa quer atingir. Por isso, não se resume à ideia de liquidação, mas sim à atividade mais complexa de promover o negócio e as soluções que oferece.

Não existe apenas uma maneira de promover um produto ou serviço, – podem ser feitas combinações de mais de um método, conforme for o interesse da organização. Independentemente do tipo de produto ou serviço comercializado, a empresa precisa estar ciente de que um conjunto consistente de estratégias promocionais colabora para o posicionamento da marca, não apenas em relação aos clientes atuais, mas também aos potenciais novos consumidores.

Para isso, primeiramente, é preciso decidir qual será o público-alvo para o qual devem ser transmitidas as mensagens de marketing da marca e de que maneira essa atividade será realizada, verificando os seguintes aspectos:

- a mensagem que a empresa quer transmitir a seus clientes;
- os melhores canais de comunicação para transmitir essa mensagem (televisão, rádio, internet etc.);
- o melhor calendário para investir na divulgação, considerando se o produto ou serviço tem vendas constantes ou seu mercado é sazonal;
- as campanhas que estão sendo feitas pelos concorrentes e como a empresa pode se destacar.

Um esforço promocional efetivo contém uma **mensagem clara**, direcionada a uma **determinada audiência** e transmitida pelos **canais apropriados**.

Para convencer as pessoas a comprarem o produto/serviço de determinada organização, é necessário explicar o que esse item é, como deve ser usado e por que os consumidores devem comprá-lo. O ponto-chave na elaboração das estratégias de promoção é permitir que os consumidores sintam que suas necessidades podem ser satisfeitas pelo que a empresa está vendendo. Os clientes-alvo são pessoas que, além de influenciar ou decidir sua compra, usarão o produto. Identificar esses indivíduos é uma parte importante da sua pesquisa de mercado. A imagem de marketing que a empresa está tentando projetar deve coincidir com a mensagem do anúncio. Ele deve chamar a atenção de seus clientes-alvo e convencê-los a comprar ou, ao menos, declarar sua opinião sobre o produto. Assim, o método de promoção que a empresa pode vir a escolher para transmitir sua mensagem aos clientes-alvo provavelmente irá envolver mais de um canal de marketing.

Para a elaboração da estratégia de promoção, o ciclo de vida do produto também deve ser considerado. As estratégias de promoção que podem ser empregadas em cada estágio do ciclo de vida do produto, que vimos no Capítulo 1, são as seguintes:

- **Introdução:** quando um produto é novo e ainda desconhecido do público-alvo, o objetivo da organização deve ser divulgar sua entrada a esse público. Meios de comunicação como televisão, rádio, revista e internet podem ser usados com o objetivo de alavancar o produto e iniciar suas vendas.
- **Crescimento:** conforme o produto se torna conhecido e aceito pelo mercado-alvo, a organização deve desenvolver estratégias para ampliar a consciência da marca e a fidelidade de seus clientes.
- **Maturidade:** na terceira fase do ciclo de vida, a tendência é que o produto seja alvo de mais concorrência. Nesse caso, a empresa deve pensar em táticas persuasivas para incentivar os consumidores a escolherem seu produto em vez dos concorrentes. A organização deve divulgar largamente as vantagens e diferenciais de seus itens para se destacar no mercado.
- **Declínio:** nesse momento, a empresa deve procurar desenvolver estratégias de promoção para lembrar os consumidores sobre o produto, com o objetivo de retardar o inevitável.

Outro fator importante a ser considerado na estratégia de promoção é o local onde ela será realizada. Levando-se em conta o cenário brasileiro, existem leis que regulamentam as promoções, que devem prezar pela ética e responsabilidade, considerando principalmente o que versa o Código de Defesa do Consumidor.

3.1
Composto promocional

Veremos, na sequência, de maneira sucinta, cada um dos métodos promocionais que as empresas podem utilizar para divulgar sua marca, seus produtos e seus serviços. Eles fazem parte do composto promocional, que é o

> conjunto dos instrumentos de marketing voltados para informar o cliente atual ou potencial sobre ofertas da empresa, motivá-lo a considerar essas como alternativas de compra e persuadi-lo a adquirir os produtos ou serviços da empresa como melhor alternativa para a realização de seus desejos ou o atendimento de suas necessidades. (Rocha; Christensen, 1999, p. 149)

Observe a seguir os elementos constituintes do composto promocional.

3.1.1
Propaganda

Segundo Kotler e Keller (2006, p. 566), *propaganda* é "qualquer forma paga de apresentação não pessoal e promocional de ideias, bens ou serviços por um patrocinador identificado".

Os meios mais utilizados para propaganda são os de comunicação em massa, como televisão, rádio, jornais e revistas. Também se enquadram nessa categoria *outdoors*, cartazes, páginas da *web*, brochuras e mala direta. Embora tenha sido, tradicionalmente, unilateral – da empresa para os consumidores –, os anúncios em novas mídias, como a internet, podem permitir um *feedback* rápido para que a empresa direcionar melhor seus investimentos naquilo que lhe traz retorno.

Além das propagandas usuais de produtos e serviços que são anunciados diretamente nos meios de comunicação, Barbosa e Rabaça (2001) apresentam outros tipos de propaganda que também são utilizadas por pessoas e empresas:

- **Propaganda comparada:** técnica de persuasão que utiliza uma declaração favorável (implícita ou explícita) para comparar a superioridade de determinada marca em relação a outra.
- **Propaganda política:** comunicação persuasiva com objetivos ideológico de conquista e conservação do poder, que pode ser feita por políticos ou partidos.

3.1.2
Relações públicas

Uma variedade de táticas de relações públicas (RP) é usada para chegar aos clientes por meio de mensagens de mídia não pagas. Os comunicados para a imprensa estão entre as táticas de RP mais utilizadas pelas empresas, pois a organização envia uma visão geral de uma grande mudança ou evento, lançamento de produto ou outras novidades para vários meios de comunicação. Outras ferramentas de RP são as conferências de imprensa, os relatórios de notícias e os boletins.

O objetivo desse método é aumentar a menção positiva do produto ou da marca em mídias influentes, como jornais, revistas e novas mídias – redes sociais e *blogs* –, de modo a permitir que importantes usuários ou influenciadores testem o produto e o divulguem.

Esse tipo de anúncio em parceria com "influenciadores digitais" pode pressupor o envio de amostras grátis, presentes e lançamentos para blogueiros testarem, com o objetivo de incentivar o influenciador a realizar uma resenha com *feedback* positivo dos produtos enviados, estratégia muito utilizada atualmente. Um dos desafios que a empresa precisa considerar é que nem sempre é possível controlar a maneira como suas mensagens de RP são entregues ou recebidas.

Figura 3.1 Captura de tela de um vídeo de uma *digital influencer*

Diego Cervo/Shutterstock

3.1.3
Venda pessoal

Oposta aos métodos promocionais unidirecionais, a venda pessoal conecta os representantes da empresa com o consumidor. Essas interações podem ocorrer pessoalmente, por telefone, por *e-mail* ou bate-papo, visando criar uma relação pessoal entre o cliente e a marca ou produto.

As empresas que trabalham com vendas pessoais devem organizar e tornar atrativos os materiais promocionais utilizados pelos vendedores (catálogos, pastas, fôlderes).

Além disso, é muito importante investir em treinamento para os vendedores, não apenas para que os profissionais deem explicações sobre os produtos, mas também prestem atendimento de excelência, garantindo a imagem que a empresa quer passar.

Figura 3.2 Reunião de vendedoras de cosméticos

Madhourse/Shutterstock

3.1.4
Marketing direto

Esse canal atende a usuários específicos por meio de telemarketing, cartas personalizadas, *e-mails* e mensagens de texto. Com a evolução da internet e as tecnologias relacionadas a ela, podem ser utilizados métodos promocionais digitais e interativos. As comunicações de marketing feitas por *e-mail*, *chats* e redes sociais se tornaram opções rápidas e eficientes para as empresas, principalmente porque promovem conexões diretas com aqueles consumidores que passam um tempo significativo *on-line*. Portais de mídia social, como Twitter, Facebook e YouTube também oferecem maneiras baratas de interagir com os clientes em tempo real.

Com essa mudança no perfil dos consumidores e nas mídias disponíveis, o marketing direto tem sofrido algumas mudanças importantes às quais as empresas precisam se adaptar. Reportagem da *Revista Exame* (Como usar..., 2015) apresenta bem o cenário atual, em que é possível identificar que, na atualidade, "nosso controle sobre quais anúncios vamos ver é muito grande: podemos ver TV a cabo, serviços de streaming como o Netflix, bloquear anúncios na internet, temos poderosos filtros anti-spam no e-mail etc.".

Entre as mudanças que ocorreram, podemos citar a profusão de ações de "marketing de permissão", no qual o potencial consumidor só será abordado se tiver feito cadastro prévio para receber mensagens, malas diretas, promoções etc.
O consumidor não quer mais ser bombardeado de informações inúteis e desnecessárias e, por isso, ele ganhou poder e o *status* de "*prosumer*" (consumidor + produtor de conteúdo), um consumidor que deseja participar ativamente da comunicação dos produtos e serviços que consome, opinando, sugerindo.

Outra estratégia utilizada pelas empresas na internet para seu marketing direto é o *inbound* marketing, cujo objetivo é possibilitar que a organização seja encontrada *on-line*, por meio da utilização de mecanismos de busca ou *sites* (Facebook, Twitter, YouTube etc). O *inbound* marketing busca atrair e conquistar o público-alvo e os *leads* qualificados, ou seja, aqueles que realmente tenham interesse nos serviços que a empresa oferece para entrar em contato com eles, oferecendo diretamente aquilo que é do interesse dos potenciais clientes.

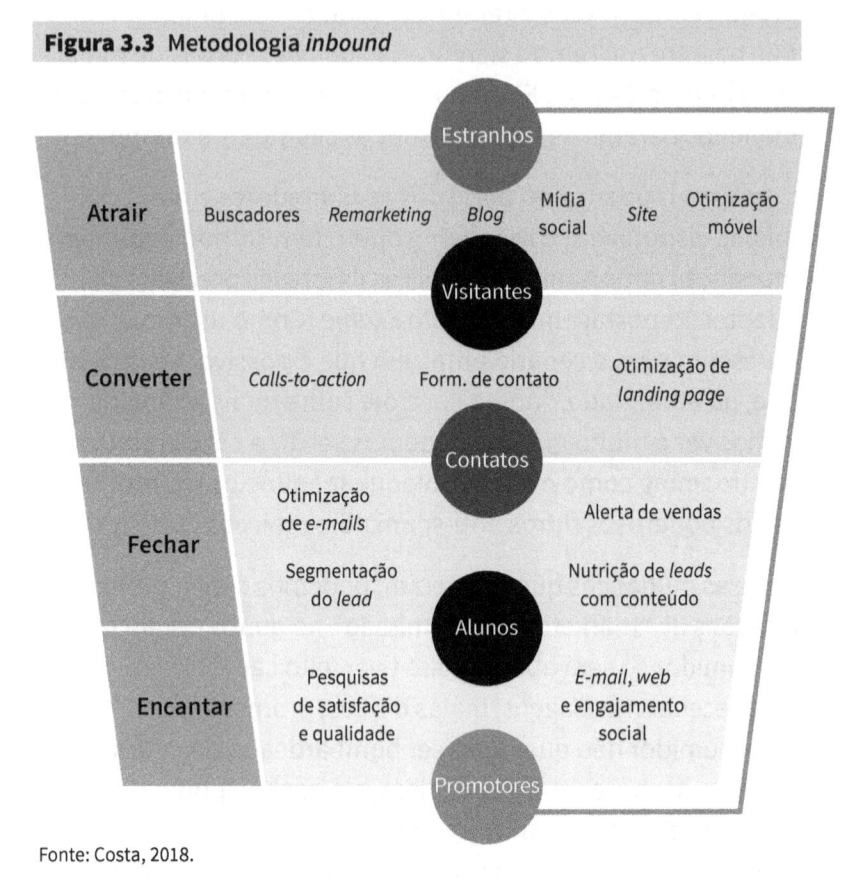

Figura 3.3 Metodologia *inbound*

Atrair	Buscadores	Remarketing	Blog	Mídia social	Site	Otimização móvel
Converter	Calls-to-action		Form. de contato		Otimização de landing page	
Fechar	Otimização de e-mails			Alerta de vendas		
	Segmentação do lead			Nutrição de leads com conteúdo		
Encantar	Pesquisas de satisfação e qualidade			E-mail, web e engajamento social		

Estranhos → Visitantes → Contatos → Alunos → Promotores

Fonte: Costa, 2018.

3.1.5
Promoção de vendas

São atividades estratégicas cujo objetivo é aumentar as vendas no curto prazo. Segundo Blessa (2005, p. 3), "existem alguns tipos de promoção de vendas, como concursos/premiações, vale brinde; sorteios; leve 3 pague 2; produto a mais na embalagem; cupons; preços promocionais; descontos; venda casada entre outros".

A promoção de vendas precisa priorizar a **simplicidade**, criar uma relação de fácil entendimento sobre o que está oferecendo e determinar quais são as vantagens que o cliente irá adquirir. Não é viável criar um texto extenso para explicar a promoção, com regras e detalhes; ela deve ser um anúncio autoexplicativo.

Outro fator a ser considerado é a **validade**. Se não for determinado um tempo para encerrar a promoção, ela deixa de sê-lo e torna-se apenas um desconto praticado pela empresa, o que não gera a ansiedade da compra e a urgência do consumidor em aproveitar esse momento único.

A promoção também deve delimitar a **área geográfica** ou, ainda, qual é o **canal** (por exemplo, promoção válida apenas para compras pela internet ou a determinados *shoppings*, ou, ainda, destinada apenas a alguma cidade ou estado específicos, de onde partiu o objetivo inicial da promoção.

Estipulando essas condições iniciais, a empresa deve capacitar todas as pessoas que estão envolvidas na promoção, para que todos saibam o que está acontecendo e defendam o mesmo discurso. É muito desagradável que cliente veja a promoção na televisão, por exemplo, vá ansioso à loja participante da campanha e seja recebido por vendedores que não sabem do que ele está falando. Além de perder a venda, a empresa que comete esse tipo de falha ainda pode perder a credibilidade para futuras ações similares.

Os profissionais responsáveis pela promoção também precisam ser treinados para saber como abordar corretamente os clientes e tratar sobre a promoção, para que possam aumentar o interesse do possível comprador em realizar a aquisição daquele determinado item naquele momento e não perder a oportunidade oferecida pela empresa.

Então, vamos abordar algumas estratégias que podem ser utilizadas na promoção de vendas.

- **Concursos:** empresas utilizam a estratégia de concursos para promover a marca, pois as pessoas gostam de ganhar prêmios. Alguns concursos sequer exigem que a pessoa compre na empresa, sendo solicitada apenas sua colaboração com a divulgação. Muitos estão migrando para as redes sociais, nas quais as pessoas estão mais presentes e conseguem rapidamente compartilhar as informações entre seus amigos e seguidores. Um fenômeno recente nas redes sociais consiste na oferta de brindes ou descontos aos clientes que, por exemplo, curtirem a página do Facebook ou seguirem a página do Instagram e a divulgarem para um número específico de amigos. Essa iniciativa não só atrai mais possíveis clientes para a empresa, como também permite que ela aumente sua base de dados para enviar mensagens de novas promoções para seus clientes por meio das redes.
- **Brindes de produtos:** oferecer brindes pode ser um método para atrair novos clientes para experimentar novidades dentro dos pontos de venda. Essa tática consiste em dar amostras de produtos para atrair o público a experimentar itens que estão sendo lançados e estimular suas vendas.
- **Causas e caridade:** aliar a promoção de seus produtos ao apoio de uma causa pode ser uma estratégia eficaz para a empresa, que cria nos clientes uma sensação de realização de algo mais significativo. Com essa estratégia, as organizações atraem clientes e promovem a imagem

de preocupação também com o aspecto social. Uma maneira de fazer isso é direcionar uma porcentagem do lucro do produto para a causa que a empresa se comprometeu a ajudar.

A Figura 3.4 mostra a campanha da marca de ração animal para incentiva a adoção, parte da renda dos produtos é doada para ONGs cadastradas e ainda estimula a população a compartilhar, nas redes sociais, as histórias e, consequentemente, a marca.

Figura 3.4 Campanha de ração para cães – Adotar é tudo de bom

Faça a sua parte:
Não compre, adote!

Nós apoiamos esta causa doando 10% da renda das vendas da nossa Ração PREMIUM para ONGs que cuidam de animais abandonados.

Alan Gonzalez Vazquez, doomu e Olena Yakobchuk/Shutterstock

- **Presentes promocionais de marca:** dar presentes com a marca da empresa estampada pode ser uma ação promocional mais eficaz do que distribuir simples cartões de visita. A empresa pode, por exemplo, colocar as mesmas informações que constariam num papel em um ímã de geladeira, uma caneta ou um chaveiro. Esses brindes podem ser dados aos clientes e possibilitar que sua marca esteja sempre à vista do cliente e de outras pessoas.

- **Leve 3 e pague 2:** essa é uma estratégia muito utilizada pelas empresas com a intenção de atrair o consumidor para, além de vender mais, reduzir estoques de produtos que possam estar "encalhados" nas prateleiras. Outra variação dessa abordagem é *Levando 2, o 3º é grátis*. As promoções desse tipo também estimulam os consumidores a experimentar novos produtos, pois a empresa pode incluir uma variedade diferente como o terceiro produto "gratuito", ou seja, um novo sabor ou mesmo um produto diferente do que está sendo levado. Assim, o consumidor que experimentar a novidade pode também se tornar cliente desse produto futuramente.

Figura 3.5 Promoção de refrigerante

NA COMPRA DE DOIS REFRIGERANTES DE 2 LITROS DE QUALQUER SABOR DA NOSSA MARCA

VOCÊ GANHA UMA GARRAFA DE 600 ML DE REFRIGERANTE SABOR LARANJA

Oleksiy Mark/Shutterstock

Na Figura 3.5, vemos um exemplo de combinação de estratégias usadas por uma marca de refrigerantes em que, comprando produtos diferentes, X e Y, o cliente ganha um brinde.

Curiosidade

Você sabia que, **há algum tempo**, os produtos da Nike eram desenvolvidos, quase exclusivamente, para os corredores de maratona? Então, surgiu uma onda *fitness* – e os profissionais no Departamento de *Marketing* da Nike sabiam que precisavam tirar proveito dela para superar seu principal concorrente, a Reebok, que, na época, estava vendendo mais tênis do que a Nike. Com esse pensamento, no fim da década de 1980, a Nike criou o *slogan Just Do It*.

Foi um sucesso!

Em 1988, as vendas da Nike totalizaram US$ 800 milhões; dez anos depois, as vendas excederam US$ 9,2 bilhões. "Apenas faça isso" era direto sem ser rude, mas encapsulava tudo o que as pessoas sentiam quando estavam se exercitando – e as pessoas ainda sentem esse sentimento hoje. Não quer correr cinco milhas? Apenas faça isso. Não quer subir quatro andares de escada? Apenas faça isso. É um *slogan* com o qual todos podemos nos relacionar: o impulso para empurrar-nos para além dos nossos limites.

Então, quando a empresa busca decidir a melhor maneira de apresentar sua marca, ela deve perguntar para as pessoas envolvidas no processo: qual é o problema que estamos resolvendo para nossos clientes? Qual é a solução do nosso produto ou serviço? Ao ter clara a resposta para

> essas questões em todas as suas mensagens de marketing, você se conectará com os consumidores em um nível emocional difícil de ignorar.

3.2
Varejo

A atividade de varejo é definida como a venda de bens e serviços para um usuário final, que irá utilizar ou consumir o produto. Segundo Parente (2000), o varejo engloba todo o processo de venda de bens e serviços para atender às necessidades dos consumidores finais.

As empresas que se enquadram como varejistas estão no final da cadeia de fornecimento entre produtores e consumidores. Essa atividade comercial é importante porque permite que os produtores concentrem seus esforços na produção de bens e não despendam esforços para interagir com os consumidores finais que desejam comprar esses produtos.

Grande parte da importância dos varejistas consiste nos esforços feitos para facilitar a compra de produtos e serviços pelo consumidor. Assim, nos canais de varejo, é imprescindível que se desenvolva comunicação aberta com os clientes por meio de vendedores nas lojas físicas, canais de *chat on-line* em *sites* de compras na internet e grande quantidade de informações, como descrições, fotos e números de telefone gratuitos em catálogos de produtos.

É grande a representatividade do varejo no Brasil, segundo dados do Departamento de Pesquisas e Estudos Econômicos (Depec), em pesquisa realizada em junho de 2017, o comércio varejista é responsável por 43% do comércio geral no Brasil e este corresponde por 12% do PIB brasileiro (Bradesco, 2017).

Parente (2000, p. 15) destaca essa importância quando afirma que o varejo no Brasil vem assumindo uma importância crescente no panorama empresarial no país e no mundo. Notícias sobre esse setor de vendas são publicadas quase diariamente nos cadernos econômicos dos principais jornais brasileiros, e um número crescente de varejistas está na relação das maiores empresas do Brasil.

A participação no PIB está indicada abaixo, no Gráfico 3.1, de 2015, apresentado pelo IBGE – Bradesco:

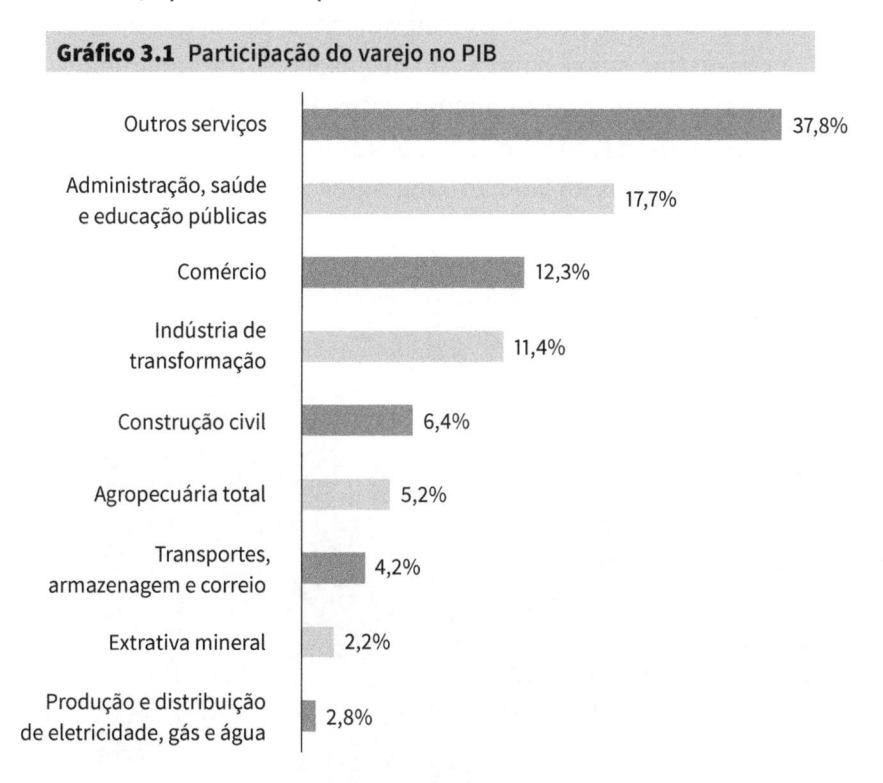

Gráfico 3.1 Participação do varejo no PIB

Setor	%
Outros serviços	37,8%
Administração, saúde e educação públicas	17,7%
Comércio	12,3%
Indústria de transformação	11,4%
Construção civil	6,4%
Agropecuária total	5,2%
Transportes, armazenagem e correio	4,2%
Extrativa mineral	2,2%
Produção e distribuição de eletricidade, gás e água	2,8%

Fonte: Bradesco, 2017.

Ainda com base nesses estudos do Depec (Bradesco, 2017), cerca de 26% do comércio varejista é de produtos não duráveis, representados pelo comércio em supermercados e lojas especializadas de alimentos, bebidas e fumo.

3.2.1
Tipos de varejo

Varejo é um termo que abrange um vasto conjunto de tipos e modelos de negócios. Alguns dos diferentes tipos de lojas de varejo incluem:

- **Loja de conveniência:** pode ser uma mercearia de pequeno a médio porte localizada em um bairro residencial ou loja anexa a um posto de gasolina que, geralmente, operam com horários diferenciados. Esse tipo de varejista oferece uma gama limitada de produtos com preços mais elevados, devido ao valor agregado de facilidade de atendimento.

Figura 3.6 Exemplo de loja de conveniência em postos de combustível

Sorbis/Shutterstock.com

- **Lojas especializadas:** concentram segmentos restritos de produtos. Esse tipo de varejista é capaz de oferecer o conhecimento especializado esperado pelo cliente e alto níveis de serviço. Além desses benefícios agregam valor oferecendo acessórios e produtos relacionados, adicionais, na mesma venda.

Figura 3.7 Exemplo de loja especializada

- **Supermercado:** geralmente, concentra-se no fornecimento de uma grande variedade de produtos de alimentos e bebidas. No entanto, muitos desses estabelecimentos se diversificaram e também fornecem utensílios domésticos, vestuário e produtos elétricos e eletrônicos. Os supermercados têm poder de compra significativo e, portanto, conseguem praticar preços mais baixos que os de outros tipos de negócios de varejo.
- **Loja de desconto:** com tamanhos físicos variados que revendem excedentes de estoque ou produtos mais populares, oferecendo preços inferiores a outras lojas semelhantes.

- **Loja de departamentos:** esse tipo de varejista é, muitas vezes, o mais complexo, por se tratar de um negócio com grande diversidade de bens e serviços, divididos em departamentos que podem ser gerenciados individualmente, por comerciantes, ou como negócios privados independentes. Os varejistas desse tipo de negócio oferecem produtos com vários níveis de preços. Essas lojas têm capacidade de adicionar altos níveis de serviço ao cliente, proporcionando conveniência e permitindo que grande variedade de produtos sejam comprados de um revendedor.
- **Armazém/revendedor direto:** uma loja de médio a grande porte, geralmente fora das ruas principais de comércio, onde os aluguéis são mais em conta, permitindo que o varejista armazene, exiba e comercialize uma grande variedade de produtos a preços muito competitivos.
- **Loja virtual:** venda direta aos clientes por meio de *sites* de comércio eletrônico. Esse tipo de varejista é altamente conveniente e é capaz de fornecer uma base de clientes geográfica mais ampla. Muitas vezes, têm valores mais baixos de aluguel e despesas gerais, conseguindo oferecer preços muito competitivos.

Figura 3.8 Exemplo de loja virtual

- **Showroom de venda por catálogo:** os clientes encomendam mercadorias de um catálogo no *showroom*. Então, eles escolhem esses bens em uma área de retirada de mercadorias na loja.

3.2.2
Marketing de varejo

Muitas empresas desse segmento utilizam técnicas de marketing de varejo, processo pelo qual os revendedores promovem a conscientização e o interesse sobre seus bens e serviços em um esforço para gerar vendas.

Entre as muitas abordagens e estratégias diferentes que os varejistas podem usar para comercializar seus produtos e serviços, há ferramentas de publicidade e comunicação para ampliar o conhecimento e as considerações de futuros clientes. Encontrar o *mix* de marketing certo pode levar a um crescimento lucrativo e maior retorno sobre o investimento. Ao considerar a estratégia de publicidade direta, as empresas podem persuadir os consumidores a optar por fazer negócios com sua marca de varejo.

A abordagem fundamental usada pelos varejistas na comercialização de seus produtos é a dos 6 Ps do marketing varejista, conforme Manson, citado por Parente (2000), que vemos no Quadro 3.1, a seguir:

Quadro 3.1 6 Ps do marketing varejista

Variáveis do comporto Varejista	Exemplos de decisões
Product (Produto)	Variedade de linha, qualidade e serviços.
Price (Preço)	Preços, créditos, benefícios, custos.
Promotion (Promoção)	Propaganda, ofertas, sinalização.

(continua)

(Quadro 3.1 – conclusão)

Variáveis do comporto Varejista	Exemplos de decisões
Presentation (Apresentação)	Lojas, departamentos, planograma.
Personnel (Pessoal)	Atendimento, rapidez, serviços.
Place (Ponto)	Localização, acesso, visibilidade.

Fonte: Parente, 2000, p. 61.

- **Produto:** de acordo com Parente (2000, p. 61), "decidir o que vai compor o mix de produtos consiste em uma das decisões mais importantes de uma empresa varejista". Alguns varejistas contam com uma grande diversidade de itens, como um supermercado ou uma rede de varejo, enquanto vários pequenos varejistas dispõem apenas de uma categoria de produtos, como uma loja de roupas de moda.
- **Preço:** o preço é um elemento-chave para qualquer estratégia de varejo. O preço de varejo precisa cobrir o custo dos bens, bem como custos indiretos adicionais.

Figura 3.9 Exemplo de promoção de preço baixo todos os dias

Existem quatro estratégias primárias de preços utilizadas pelos varejistas:

1) **Preços baixos todos os dias:** o varejista opera em margens estreitas e atrai clientes interessados no menor preço possível. É uma estratégia usada por varejistas de grande caixa, como hipermercados.

2) **Preços altos/baixos:** o varejista começa com um preço alto e, depois, o reduz quando as vendas caem ou a popularidade do item desaparece. Estratégia usada principalmente por varejistas de pequeno a médio porte.

3) **Preços competitivos:** o varejista baseia o preço no valor cobrado pela concorrência. Trata-se de uma estratégia frequentemente utilizada depois que o varejista esgotou a maior estratégia de preços (preços altos/baixos).

4) **Preços psicológicos:** o varejista define o preço dos itens com números quebrados que os consumidores percebem como sendo mais baixos do que realmente são. Por exemplo, na mente do consumidor, um produto anunciado a R$ 5,95 está mais próximo da associação de gastar R$ 5,00 do que R$ 6,00.

Figura 3.10 Exemplo de utilização de preço psicológico

Mês dos sucos especiais
Suqueria

Todo dia um suco diferente por apenas
R$ 6,90

| Domingo | Segunda | Terça | Quarta | Quinta | Sexta | Sábado |

MIRTILO | PERA | TORANJA | KIWI | ROMÃ | LIMA | AMEIXA

Slawomir Zelasko/Shutterstock

- **Praça:** o lugar onde o varejista conduz negócios com seus clientes. O local pode ser de varejo físico ou um espaço não físico, como uma empresa de catálogo ou uma loja virtual.
- **Apresentação:** apresentação física das lojas, *sites*, instalações, escritórios, vans de entrega, armazéns etc. Desempenha um papel primordial na associação de clientes com sua marca. É muito importante garantir que a imagem retratada seja consistente com os produtos e serviços oferecidos.
- **Promoção:** elemento fundamental do *mix* de marketing, em que podem ser incluídos conteúdos gerais, como venda pessoal, propaganda, promoção de vendas, marketing direto e relações públicas. Um bom *mix* especifica a relevância e o orçamento que devem ser considerados em cada tática. Uma promoção pode ter diversos objetivos, como aumento das vendas, divulgação de

novos produtos, criação de marca, posicionamento, retaliações competitivas ou a criação de uma imagem corporativa.
- **Pessoal:** as pessoas são o rosto de qualquer organização ou marca de varejo. São elas que definem o sucesso de uma organização. Como esse setor da vendas tem sua orientação direta no contato com pessoas, ao contrário da fabricação, pessoas bem preparadas e treinadas podem ajudar uma organização a alcançar seus objetivos e missão. Portanto, recrutamento e treinamento de funcionários é de alta prioridade e importância em um ambiente de varejo. O pessoal de vendas especializado pode melhorar as equipes de vendas e fidelização de clientes. Garantindo a motivação dos membros da equipe, certamente, a empresa conseguirá mais retorno de investimento.
- **Ponto:** a localização do ponto no varejo é fundamental para atender a estratégia da organização. Cada tipo de público frequenta determinados pontos de comércio varejista. Muitas lojas localizadas em ruas de comércio popular não teriam o mesmo resultado se estivessem situadas em *shoppings*, assim como comércios de bairro têm uma abordagem diferenciada daqueles de ruas de grande circulação de pessoas. Encontrar o ponto correto para cada tipo de negócio e público é imprescindível para que a organização sobreviva no mercado.

3.2.3
Lojas *pop-up*

Um novo modelo de varejo que está sendo utilizado são as chamadas *lojas* pop-up, ou *varejo em* flash, uma tendência de abrir espaços de vendas de curto prazo. O ponto onde se instala uma loja *pop-up* é um local temporário, com o objetivo de realizar uma amostra de vendas durante um curto período; ou se trata de local sazonal com uma loja *pop-up*, programada por um mês ou mais, como as que funcionam exclusivamente para as vendas de Natal.

Elas são usadas para marketing, bem como para construção e conscientização de uma marca ou produto, permitindo que sejam testados produtos e localização, por exemplo, com um investimento de baixo risco, pois, se o empreendimento não der certo, o tempo de ocupação será curto. Uma das ferramentas de divulgação dessas lojas é geração de *buzz* pela interação e promoção em redes sociais (Facebook, Instagram etc.) e a consequente criação de uma experiência conceitual para clientes consolidados e potenciais.

As lojas *pop-up* precisam ser consideradas porque permitem uma interação inédita com os clientes, trazendo um novo modelo que é necessário ao varejo, pois fornecem experiência original para os clientes e podem ganhar a sua fidelidade. Essa novidade resultará em maior rentabilidade para os varejistas, mais satisfação para o cliente e a evolução de uma experiência de ecossistema integrada, independentemente do canal. Para que esses resultados sejam alcançados, é necessária uma reinvenção total da sua cadeia de suprimentos.

Perguntas e respostas

1. Além da propaganda convencional, para divulgação de produtos e serviços, quais outros tipos de propaganda podem ser utilizados?

Propagandas institucional, política e comparada.

2. Qual é o papel das relações públicas na promoção de uma empresa ou marca?

O objetivo desse método é principalmente o de aumentar a menção positiva do produto ou da marca em mídias influentes, entre as quais podemos incluir jornais, revistas, redes sociais e *blog*. Essa ferramenta também permite que importantes usuários ou influenciadores testem o produto e o divulguem.

3. Quais são os principais tipos de varejo que podemos encontrar?

Loja de conveniência; loja especializada; supermercado; loja de desconto; loja de departamento; armazém; loja virtual.

Síntese

Neste capítulo, demonstramos que o conceito de *promoção* representa e envolve um número de aspectos relacionados à divulgação e comunicação da marca, dos produtos e dos serviços da empresa muito maior do que a liquidação, assim como elencamos os conceitos de cada uma das ações do composto promocional. Na sequência, procuramos mostrar como é fundamental saber quais são os meios de comunicação e os tipos de propaganda mais adequados para alcançar os objetivos da marca. Também apresentamos as definições de *relações públicas*, *venda pessoal* e *marketing direto* e suas respectivas aplicações no mercado.

Demonstramos, por fim, a necessidade de se conhecerem as particularidades e os tipos mais comuns de pontos de venda no varejo para um maior domínio sobre diferentes possibilidades desse mercado. Também destacamos a relevância de se entender o que é o composto varejista (6Ps): produto, preço, promoção, apresentação (*presentation*), pessoal e ponto e suas implicações para a aplicação do marketing varejista.

Questões para revisão

1) (Concurso Banco do Brasil – 2011) Maneira de se comunicar com o mercado de forma impessoal, utiliza os meios de comunicação de massa ou eletrônicos, visa formar a imagem e construir a percepção desejada na mente do público-alvo, o anunciante da mensagem é conhecido. Trata-se de:
   a) Marketing digital.
   b) Promoção.
   c) Relações Públicas.
   d) Propaganda.
   e) Publicidade.

2) (BANPARÁ – 2012) A grosso modo, podemos dizer a propaganda explica por que os clientes devem usar um produto ou serviço, tenta modelar as atitudes de mercado com relação à marca. Quando associada à promoção de vendas, os anúncios e campanhas resultam em uma combinação poderosa. Leia abaixo algumas definições sobre promoção de vendas e assinale a alternativa correta.
   a) A promoção de vendas serve exclusivamente para alavancar a venda de produtos que não foram bem aceitos no mercado. Induz a venda a curto prazo, para cumprimento de metas.
   b) Resumidamente, é sempre uma ferramenta para evitar o prejuízo sobre os estoques de produtos que não deram certo. Uma forma de ceder às pressões do comércio.

c) A promoção de vendas não mantém relação direta com a propaganda, são atividades independentes e devem ser consideradas sempre de forma isolada.

d) Promoções de vendas é sempre uma forma de vencer a concorrência acreditando que o preço baixo supera a qualidade do produto.

e) A promoção de vendas diz respeito ao incentivo e recompensas que induzem o cliente a comprar agora e não depois. Para uma maior eficácia, deve ser compatível e agregar valores à marca.

3) (CEF – 2008) São exemplos de promoção de vendas no setor bancário:
   a) Anúncios em rádio e incentivo aos caixas para incrementar as vendas.
   b) Bonificação, amostras grátis e *merchandising* em novelas e filmes.
   c) Colocação de *displays* nas agências, vendas casadas e propaganda dirigida.
   d) Descontos, brindes, prêmios e recompensas para os correntistas.
   e) Testes gratuitos, demonstrações e anúncios em revistas de economia.

4) Atualmente, o consumidor tem maior controle sobre aquilo que recebe de mensagens das empresas via internet, conteúdos que até pouco tempo lotavam a caixa postal de *e-mail* dos clientes com ofertas sobre produtos que não lhes interessavam. Atualmente, as organizações têm procurado direcionar as mensagens de marketing direto para atender às necessidades do consumidor e não apenas lotar sua caixa postal. Explique que tipo de mudanças ocorreram, nesse sentido, no marketing digital.

5) O varejo é a venda de bens e serviços de empresas para um usuário final, o consumidor. De acordo com Parente (2000), o varejo consiste em todas as atividades que englobam o processo de venda de produtos e serviços para atender uma necessidade pessoal do consumidor final. Tendo esses fatos em mente, explique os tipos de varejo mais comuns no mercado.

4

Mecânicas (tipos) e aplicações de promoções e calendário promocional

Conteúdos do capítulo

- Tipos e aplicações de promoções.
- Calendário promocional.
- Principais datas do comércio e ações.

Conceitos:

1. dominar as técnicas de aplicação de promoções: produtos com desconto, frete grátis, venda relâmpago, descontos progressivos, programa de fidelidade, promessa de preço, fôlderes e *flyers*, encartes, camisetas, cartazes, embalagens e sacolas personalizadas e *e-mails* promocionais;
2. desenvolver um calendário promocional com ações da empresa e em torno dos principais feriados e datas comemorativas do comércio.

Como explicamos anteriormente, *promoção* é a coordenação de todos os esforços iniciados pelo vendedor para configurar canais de informação e persuasão para facilitar a escala de um bem ou serviço. Por essa razão, trata-se de um importante componente de apoio no mix de marketing para divulgar e vender os produtos.

A decisão de promoção deve ser integrada e coordenada com o restante do *mix* de marketing, particularmente em relação a decisões de produto/marca, para que ele possa suportar efetivamente uma estratégia de *mix* de marketing integral e se utilizar das seguintes estratégias, já vistas no Capítulo 2: propaganda, relações públicas, venda pessoal, marketing direto e promoção de vendas.

4.1
Tipos de promoção

Vamos tratar, na sequência, de alguns tipos de promoção que podem ser utilizadas pelas empresas para divulgar sua marca e produtos, além das que vimos anteriormente, como concursos, brindes, causas e caridade, presentes promocionais e Leve 3 e Pague 2.

4.1.1
Produtos com desconto

Aplicar algum tipo de desconto nos produtos é, possivelmente, o tipo de promoção mais popular, por gerar estímulo nas pessoas, que se sentem mais propensas a gastar dinheiro quando olham, em uma vitrine, a palavra *PROMOÇÃO* ou *SALE* (em inglês).

Para que esses produtos sejam ainda mais atrativos, as empresas precisam definir a melhor forma de destacar os descontos para os clientes, que podem ser anunciados em percentual ou em valores, considerando o que gera mais impacto na mente dos consumidores. É conveniente não oferecer descontos com muita frequência, pois os clientes não verão essa ação como um diferencial, e novas ofertas não alcançarão os mesmos resultados.

4.1.2
Frete grátis

Quando consideramos compras feitas pela internet, a promoção que mais agrada os clientes é a oferta de frete grátis. Para que não saia no prejuízo de arcar com os custos de frete para localidades distantes de sua base, a empresa deve considerar incorporar esse custo ao seu produto ou oferecer o frete grátis apenas para clientes que gastam acima de determinado valor. Quando da prática dessa promoção, as seguintes ações devem ser consideradas:

- **Definir a abrangência da promoção:** escolher os produtos da loja que estarão em promoção (todos ou apenas determinada categoria), bem como mínimo de unidades para a promoção.
- **Informar a cobertura geográfica:** destacar que o frete grátis para a grande São Paulo; é para a Região Nordeste etc.
- **Qualidade do serviço de entrega:** a oferta de um serviço gratuito para o consumidor não pode significar que ele terá qualidade inferior ao praticado normalmente pela empresa.

Figura 4.1 Exemplo de promoção de frete grátis

FRETE GRÁTIS
até a Quarta-feira de cinzas

Comprando a partir de R$ 120 em produtos em nossa loja o frete é GRÁTIS!

Arcady e Bespaliy/Shutterstock

4.1.3
Venda relâmpago

Esse tipo de promoção abrange as ofertas de curta duração e são excelentes para criar uma sensação de urgência para a compra daquele determinado item. As empresas podem adotar essa estratégia com o objetivo de vender mais produtos e se livrar do estoque excedente de algum produto que está com baixa saída.

Para que a organização atinja seus objetivos, é preciso considerar o tempo ótimo para a promoção. Segundo Kotler (2000, p. 622), se o período for muito curto, muitos dos consumidores potenciais não poderão aproveitar a promoção. Se esta durar tempo demais, a oferta pode perder sua força. Assim, uma sugestão é que as promoções durem cerca de três semanas por trimestre e a duração ótima é o próprio ciclo de compra médio. O autor citado comenta que isso não é uma regra que deve ser aplicada a todos os tipos de negócios, pois é preciso levar em conta a categoria do produto.

Figura 4.2 Exemplo de promoção de venda relâmpago

PROMOÇÃO
RELÂMPAGO
SÓ HOJE! SÓ ATÉ MEIA-NOITE!

CORRA E APROVEITE ANTES QUE ACABE

MDL80/Shutterstock

4.1.4
Descontos progressivos

Esse tipo de promoção estimula os clientes a comprarem mais do que realmente necessitam porque oferece mais descontos para quem adquirir mais.

Figura 4.3 Exemplo de promoção de desconto progressivo

Quanto mais você compra, mais você **ganha!**

Os melhores produtos e os melhores preços só no **Emporium Pedulia!**

1 PAR — 10%
2 PARES — 20%
3 PARES — 30%
4 PARES — 40%

Andrey Burmakin e Sviatlana Barchan/Shutterstock

4.1.5
Programas de fidelidade

Existem três tipos básicos de programas de fidelidade:

1) **Promoções de base:** são aquelas definidas quando a empresa cria um programa de fidelidade para executar o básico, como acumular e resgatar pontos. Essas promoções já recompensam os membros por uma única compra.

Figura 4.4 Exemplo de cartão fidelidade

2) **Promoções de nível:** devem ser definidas quando a empresa cria um programa de fidelidade para alterar os níveis dos membros com base no número de pontos que eles ganham, como os cartões de companhias aéreas, com os quais o passageiro evolui de nível conforme sua utilização.

Figura 4.5 Exemplo de cartão de programa de fidelidade: promoção de nível

3) **Promoções de recompensa:** aquelas que oferecem aos membros oportunidades para ganhar pontos que podem ser trocados por produtos ou serviços, ou para ganhar outras recompensas. O programa de fidelidade Quilômetros de vantagens, da rede de Postos Ipiranga, por exemplo, oferece brindes de produtos e serviços (como lavagem de carro) até a troca por outros produtos e serviços, como descontos em passagens aéreas, não diretamente relacionados aos serviços dos postos.

Figura 4.6 Exemplo de promoção de recompensa

4.1.6
Promessa de preço

As expressões "cobrimos qualquer oferta anunciada" ou "garantimos o melhor preço" são muito utilizadas em redes de varejo e têm como objetivo atrair mais consumidores que vêm ao estabelecimento em busca do desconto em determinado produto ofertado por um melhor preço na concorrência e, então, adquirem outros tantos itens, considerando que estão em vantagem por terem conseguido aquele único item mais barato.

Figura 4.7 Exemplo de promoção de promessa de preço

Para divulgar essas e outras promoções, as empresas têm à disposição diferentes tipos de materiais promocionais, com grande variedade, que permitem formas eficazes de alcançar clientes, dependendo do perfil e do volume de consumidores que se deseja atingir.

A seguir, você irá conhecer alguns desses materiais.

4.1.7
Fôlderes e *flyers*

Dois materiais muito utilizados para divulgar os produtos ou serviços de uma empresa a seu público-alvo e potenciais clientes. Eles podem ser projetados para caber em uma folha única (*flyer*) ou com dobras, como um livreto (fôlder). A variedade de tamanho permite que sejam extremamente flexíveis, com o potencial de fornecer uma quantidade substancial de informações para o visualizador. Esse tipo de material promocional pode ajudar a fazer com que os clientes sigam um chamado específico para ação e auxiliem na geração de novos negócios.

4.1.8
Encartes

Os encartes são uma forma de publicidade relativamente barata e destinam-se à distribuição em massa. Eles são produzidos em uma única folha de papel, em um material de qualidade inferior aos fôlderes, por exemplo, e tendem a divulgar ou promover informações mais específicas, como preços e ofertas de um supermercado.

Figura 4.8 Exemplos de encartes de supermercados

Kateryna Dyellalova, Ivonne Wierink, Oleksiy Mark, JIANG HONGYAN, Anna Kucherova, Africa Studio, Fotofermer, Luis Carlos Torres, Valentyn Volkov, Maks Narodenko, Viktor1, kostrez, Gts, Jacek, Chabraszewski, Brilliance stock, oxygen_8, Inga Nielsen, COLOA Studio, doomu, Nik Merkulov, Emily Li, tsyklon, wanpatsorn, Boonchuay1970, Sirisak Piyatharo, kittipat wongmak, Poltorak, AdresiaStock, LoremIpsumART, mama_mia, Alfazet Chronicles, mipan, Laboko, CastecoDesign, La Gorda, Vector things, ecco, Andrey Starostin, Artem Shevchenko, funny face, Sergii Baibak, Valery121283, yaistantine, Sergey85 e Olzas/Shutterstock

4.1.9
Camisetas

Camisetas promocionais são uma maneira única de anunciar um produto específico, serviço, evento ou apenas a empresa em geral.

Figura 4.9 Exemplo de camiseta promocional

PremiumVector/Shutterstock

4.1.10
Cartazes

Os cartazes são peças projetadas para promover um produto, serviço ou evento específico e variam muito em tamanho, forma e estilo, divulgando muita ou pouca informação.

Podem ser utilizados com fins comerciais, educativos, sociais, culturais e políticos, com a finalidade de informar, vender, divulgar ou apenas gerar a lembrança da marca.

Figura 4.10 Exemplos de cartazes

4.1.11
Embalagens e sacolas personalizadas

O *design* dos pacotes transmite os aspectos mais importantes do produto aos clientes e permite que o item se destaque dos demais apenas pela embalagem. Muitas empresas têm investido na criação de sacolas e embalagens diferenciadas, com *design* chamativo e engraçado, que se tornam excelentes materiais de divulgação para a marca.

Figura 4.11 Exemplo de sacola personalizada para a marca

Rudy Balasko e Early Spring/Shutterstock

4.1.12
E-mail

As campanhas de mala direta são uma forma de publicidade que oferece aos clientes uma ampla variedade de informações sobre a empresa e seus produtos e serviços oferecidos. Os envios devem considerar uma frequência que não incomode quem os recebe. Esse recurso cria uma maneira rápida e fácil de manter contato com clientes e clientes atuais e potenciais.

4.2
Calendário promocional

As promoções são sempre bem-vindas para os clientes, mas, em determinadas épocas do ano, elas parecem ser ainda mais atraentes e chamativas. Para que a organização possa planejar as épocas em que irá divulgar seus produtos com mais frequência, em que situações oferecerá maiores descontos ou investirá ainda mais em campanhas de marketing, ela deverá realizar um trabalho completo de planejar seu calendário promocional. Planejar quando criar promoções maiores ou mais elaboradas leva algum tempo.

Para muitas empresas, as datas comemorativas são as épocas de vendas mais importantes e que representam um grande percentual no faturamento. Esse tipo de promoção deve ser planejado e executado com meses de antecedência. Por exemplo: não é incomum que os principais varejistas comecem a projetar os esforços de marketing de Natal no início de julho.

Existem ferramentas prontas na internet, pagas ou gratuitas, para organizar os calendários promocionais, que oferecem serviços de organização de marcos e prazos promocionais, calendário para demonstrar possíveis lacunas na cobertura de marketing, os horários de pico, custos, investimentos etc. No entanto, não é pertinente investir em uma ferramenta como essa se não houver previsão sobre quais resultados são pretendidos com um calendário promocional.

A empresa deve se questionar sobre o uso reiterado de promoções específicas. A promoção também deve ser devidamente registrada caso não tenha êxito para que a organização não repita o erro e possa experimentar algo diferente. Nesses casos, os calendários podem transformar a promoção aleatória em estratégias de marketing abrangentes, tornando a empresa mais profissional e visível.

Para que a organização elabore seu calendário promocional, ela deve levantar algumas informações prévias:

- Qual é o produto ou serviço?
- Qual é o preço do item? (preço total e preço de venda)
- Em que local ocorre a transação?
- Os esforços de marketing já realizados no passado funcionaram? Se sim, por quê? Se não, por quê?
- Quando a empresa realizou promoção desse produto ou serviço pela última vez?
- Quais ferramentas foram utilizadas na promoção e quais os resultados individuais de cada uma delas?

Quando a empresa conhece os itens que têm disponíveis para vender e os resultados das promoções conquistados anteriormente e com que ferramentas essas atividades foram realizadas, ela pode concentrar seus esforços em destacar os aspectos positivos e evitar repetir erros que eventualmente tenham ocorrido. O tempo dispendido para catalogar e analisar produtos e campanhas realizadas é uma grande economia de tempo e recursos posteriores para a criação de campanhas atuais e futuras. As empresas devem considerar avaliar os recursos promocionais de todos os produtos e serviços a serem promovidos para que os responsáveis também compreendam como, para quem e quando vendê-los.

Para começar a planejar um calendário promocional, as organizações devem verificar os resultados obtidos no passado e se questionar sobre as vendas e tipos de promoção que fez; as promoções que foram feitas com base nas principais datas do comércio; o resultado dessas promoções para a empresa e para a concorrência.

Um modelo simples de calendário promocional é o disponibilizado gratuitamente pelo Serviço Brasileiro de Apoio às Micro e Pequenas Empresas (Sebrae), que compreende as seguintes informações na tabela abaixo:

Tabela 4.1 Modelo de calendário promocional do Sebrae

	Janeiro	[...]	Dezembro
Data comemorativa/temática			
Nome da campanha			
Período de planejamento da campanha			
Data do início da campanha			
Data de término da campanha			
Parcerias			
Ação promocional em destaque			
Meios de divulgação			
Preparação da equipe			
Organização do ponto de venda			
Recursos necessários			
Avaliação dos resultados			

Fonte: Sebrae, 2015, p. 10.

Essa tabela permite que sejam visualizados e planejados, de maneira simples, os aspectos inerentes a cada campanha de que a empresa for participar. As datas de início e término são fundamentais para que a empresa possa estar presente na mente dos consumidores no momento certo. Uma campanha que começa fora do tempo correto do mercado pode ser um investimento vão de recursos.

O planejamento das datas também é importante para que seja feita a preparação da equipe para aquele momento. Por exemplo: uma papelaria que fez uma campanha de material escolar em promoção para a época de volta às aulas deve ter uma equipe ágil e atenciosa para atender, muitas vezes, pais que buscam economia e filhos que querem variedade e produtos diferenciados.

As promoções devem ser planejadas em torno dos principais feriados. Existem épocas do ano que envolvem vários setores do comércio para promoções em razão de datas significativas como Natal, Dia das Mães, Páscoa, entre outras, que movimentam diversos setores da economia, para venda de produtos e serviços. As empresas precisam estar preparadas com a antecedência adequada para aproveitar esses momentos de aquecimento da economia, pois é mais fácil maximizar suas vendas nesses períodos em que todos estão fazendo compras.

As datas mais importantes para o varejo no Brasil são:

- **Natal:** considerada a principal data para o varejo – além da celebração religiosa, grande parte da população economicamente ativa e assalariada recebe o 13º salário, destinando mais dinheiro para as compras.

- **Dia das Mães:** data mais significativa para o comércio no primeiro semestre.
- **Dia dos Namorados:** terceira data mais importante para o varejo, depois do Natal e do Dia das Mães.
- **Dia dos Pais:** a cada ano, ampliam-se os itens para presentear os pais; assim, novos segmentos aproveitam do incremento das vendas de itens para o público masculino.
- **Dia das Crianças:** data importante para o setor de brinquedos e vestuário infantil; o volume de vendas é considerado um termômetro para as vendas de Natal.
- *Black Friday:* data há poucos anos adotada no calendário do varejo no Brasil, a cada edição as vendas estão se ampliando e a data considerada como destaque no comércio, principalmente, para o varejo *on-line*.
- **Páscoa:** também movimenta setores restritos da economia, mesmo assim é uma data importante para o comércio, que deve ser planejada com antecedência para início da produção, porém, com cuidados necessários, em razão da validade restrita do chocolate, seu produto principal.

Além dessas datas tradicionais, outras datas comemorativas têm sido inseridas no calendário do comércio para alavancar as vendas:

- *Valentine's Day* (14/02) – "dia dos namorados" em outros países, data da qual o comércio já tem se aproveitado para estimular as vendas no início do ano.
- Dia Internacional da Mulher (08/03).
- Dia do Frete Grátis (29/04) – exclusiva para o comércio eletrônico, assim como a *Black Friday*, teve origem no *Free Shipping Day* americano.

- Dia do Orgulho Nerd (25/05).
- Dia do Amigo (20/07).
- Dia dos Avós (26/07).
- Dia da Secretária (30/09).
- Dia das Bruxas (*Haloween*) (31/10).

Não apenas de grandes comemorações vive o comércio no Brasil: as empresas podem investir na comemoração de datas próprias junto a seus clientes e assim alavancar suas vendas com promoções especiais, como o aniversário da loja, quando a organização pode investir em promoções, sorteio de brindes, descontos progressivos e outras técnicas que já vimos para chamar clientes e conquistar novos consumidores com as promoções.

Também é válido pesquisar dias que se enquadrem no setor de atuação da empresa, como um bar pode realizar uma promoção no Dia Internacional da Cerveja, comemorado na primeira sexta-feira de agosto.

Figura 4.12 Cartaz de comemoração ao Dia Internacional da Cerveja

Rido e Tortuga/Shutterstock

As organizações, entretanto, não podem planejar suas vendas considerando apenas os eventos e feriados que estimulam os clientes a gastar mais. A venda de alguns produtos é constante durante o ano, como é o caso dos itens de higiene e alimentos, e outras são sazonais. Por isso, devem organizar seu calendário promocional para que possam aproveitar as épocas em que estão com os estoques cheios para vender.

Além dos produtos sazonais, as empresas que oferecem serviços utilizados durante apenas certas épocas do ano – como o aluguel de casas de veraneio – têm oportunidades privilegiadas para maximizar seus lucros, oferecendo vendas em serviços antes de sua temporada. Por exemplo: se uma casa de veraneio é alugada para terceiros, deve estar em ordem para sua divulgação antes do período de férias.
O proprietário não pode deixar para fazer reparos e pinturas nos meses de dezembro e janeiro, pois perderá a melhor época (e possivelmente única) do ano para esse negócio.

As empresas do setor de comércio de produtos também devem estar atentas para fazer compras de atacadistas e produtores com antecedência, de modo abastecer suas prateleiras quando o cliente estiver disposto a comprar, bem como precisam verificar se ainda contam com estoques de outros períodos para oferecer promoções e descontos.

Para isso, as organizações devem saber:

- quando as pessoas usam seus produtos;
- em que época, geralmente, ocorre o maior volume de vendas;
- se promoções do produto durante a baixa temporada irão tornar a empresa mais lucrativa quando estiverem de volta na temporada;

- quais promoções foram realizadas no passado e em que momento;
- se as promoções foram rentáveis e se a empresa conseguiu pagar seus custos e investir os recursos obtidos com as promoções.

Seja seguindo o calendário do comércio, seja utilizando o seu próprio, o importante é que a empresa esteja atenta às ações efetivas para o seu negócio e atualizar constantemente as informações sobre as iniciativas que tiveram êxito bem como as que não tiveram. As organizações também devem realizar *benchmarking*[1] em outras áreas e outros países, para verificar campanhas de sucesso que trazem maiores retornos nas vendas dos produtos e serviços.

Perguntas e respostas

Quais são os tipos de promoção que mais geram resultados para as empresas?

Produtos com desconto; frete grátis; venda relâmpago; descontos progressivos; programas de fidelidade; promessa de preço; fôlderes e *flyers*; encartes; camisetas; cartazes; embalagens e sacolas personalizadas.

Síntese

Neste capítulo, tratamos de vários tipos e exemplos práticos de promoções de vendas e como elas podem ser aplicadas pelas empresas.

---

1 *Benchmarking* é uma ferramenta estratégica utilizada com o objetivo de comparar o padrão de desempenho interno de uma empresa com outras organizações que são consideradas referências no mercado em determinada atividade ou segmento. Sua utilização estimula as empresas a adotarem ideias e práticas de sucesso criativas proporcionando melhorias em seus processos.

Explicamos como o calendário promocional é valoroso e destacamos que a empresa precisa conhecer as melhores datas para vendas dos seus produtos, a fim de planejar sua produção, épocas de compras e seus estoques, para que não haja falta de produtos para venda nem excedentes ao final das temporadas.

Promoções são interessantes e atraem mais clientes à loja, principalmente se oferecerem aquilo que se espera dos clientes nas épocas de maior movimento no comércio.

Questões para revisão

1) A promoção do tipo "frete grátis" é uma das mais atrativas para os clientes de comércio *on-line*. Entretanto, a empresa deve especificar claramente quais são as condições desse benefício para os clientes, para que a oferta não gere frustração na hora da compra quando o potencial cliente não é enquadrado para conquistar essa vantagem. Sobre as condições apresentadas pelas empresas para o frete grátis, ela deve atender os seguintes pontos:
   I) Sobre a cobertura geográfica da promoção, o ideal é que a empresa somente ofereça frete grátis para a sua cidade ou região. Cobertura nacional é inviável para qualquer negócio.
   II) Sobre a abrangência da promoção, ela deve ser restringida para os produtos com maior valor. Produtos com valores baixos não atraem os consumidores, pois seus descontos serão imperceptíveis aos clientes.
   III) Sobre a qualidade do serviço de entrega: não é porque se está oferecendo um serviço gratuito para o consumidor, que ele deverá ser de qualidade inferior ao praticado normalmente pela empresa.

Analisando as considerações sobre a promoção frete grátis, é correto apenas o que se afirma em:

a) I.
b) II.
c) III.
d) I e III.
e) II e III.

2) (Banco do Brasil – 2013) A promoção de vendas é uma das ferramentas de comunicação integrada de marketing mais eficazes e vem ganhando cada vez mais importância dentro do composto de marketing. Sua utilização é feita, principalmente, para completar as demais ferramentas, e é nesse sentido que consiste a sua força.

Dessa forma, as promoções de vendas são direcionadas:

a) Aos produtos em relação aos serviços ofertados ao consumidor final.
b) À divulgação de um novo produto em aberto, internamente na empresa, buscando o aproveitamento das sugestões dos empregados para o seu desenvolvimento.
c) À avaliação de novos clientes e produtos em busca da comunicação integrada.
d) À relação entre custos e benefícios no perfil desejado da venda.
e) Aos intermediários, atacadistas e varejistas e aos clientes e consumidores finais.

3) São técnicas de promoção utilizadas para agilizar a venda de produtos parados em estoque:

a) Camisetas, fôlderes e programas de fidelidade.
b) Produtos com desconto, venda relâmpago e descontos progressivos.

c) Promessa de preço, programas de fidelidade e encartes.
d) Cartazes, embalagens personalizadas e descontos progressivos.
e) *E-mail* marketing, fôlderes e *flyers* e venda relâmpago.

4) Comente os principais tipos de programas de fidelidade que as empresas podem utilizar para atrair seus consumidores.

5) Quais são as informações que a empresa precisa levantar para que possa especificar seu calendário promocional, de maneira a atender às necessidades dos seus clientes e investir em promoções no momento certo?

5
Merchandising, ponto de venda e técnicas de *display*

Conteúdos do capítulo

- Conceito de merchandising e seus objetivos.
- Características do ponto de vendas.
- Técnicas de *display*.

Após o estudo deste capítulo, você será capaz de:

1 compreender a importância do *merchandising* para as promoções e vendas;
2 definir e alcançar, de maneira eficiente, os objetivos do merchandising;
3 desenvolver práticas para melhorar a atratividade do ponto de vendas;
4 criar *displays* interessantes para ampliar vendas.

O merchandising tem como finalidade dar mais destaque a produtos, marcas e serviços, estimulando os consumidores a comprar mais. Quando você passeia pelo *shopping*, por exemplo, ou mesmo em uma rua com comércio variado, o que chama sua atenção nas vitrines e lhe "convida" a entrar em uma loja?

Uma vitrine diferenciada claramente ganha pontos diante de tantas opções. Esse aspecto tornou-se tão importante na atualidade que existem profissionais com formação específica para elaborar esse espaço e aumentar as possibilidades de atrair mais pessoas e conquistar mais vendas.

O primeiro aspecto a ser pensado nessa atração é a elaboração do merchandising, que trata da utilização de técnicas, ações ou materiais promocionais no ponto de venda que apresentem as informações desejadas e ofereçam melhor visibilidade aos produtos, marcas ou serviços, com a intenção de motivar e influenciar as decisões de compra dos consumidores (Blessa, 2010).

O merchandising é o processo de concepção do *layout* do ponto de vendas e das prateleiras, bem como da exibição de produtos para maximizar as vendas e oferecer aos clientes uma experiência de compra emocionante. Como ciência, estuda o comportamento dos clientes em uma loja e, dessa forma, como a colocação de produtos pode proporcionar aos consumidores a melhor experiência de compra. Cuidados com iluminação, disposição e cores estão entre os diversos fatores que influenciam e podem proporcionar esse resultado esperado da boa apresentação do merchandising.

Segundo Blessa (2010, p. 154), "o merchandising bem feito numa loja traz as seguintes vantagens: aumenta a média geral de vendas e o índice de compra por impulso; desenvolve a fidelidade dos consumidores à loja; atrai novos clientes para a loja; e aumenta os lucros".

Esse conjunto de técnicas é extremamente importante, pois desenvolve e apresenta ao público uma identidade e uma marca de negócios únicos, diferenciando-se da sua concorrência. Muito mais do que simplesmente configurar prateleiras, essa ferramenta de marketing permite que as empresas encontrem o melhor *layout* da loja para determinar, exatamente, onde colocar produtos, para que tenham a evidência esperada.

Segundo Sant'Anna (2002, p. 23), não se trata de apenas exibir os produtos no ponto de venda, o "merchandising é o planejamento promocional do produto antes de ser lançado no mercado. É a preparação da mercadoria para torná-la adequadas às necessidades do consumidor".

5.1 Merchandising televisivo

Antes de continuarmos nossa abordagem sobre o merchandising do ponto de venda, é importante tratar, brevemente, sobre merchandising televisivo. Você, com certeza, já percebeu o anúncio de um produto, serviço ou empresa feita em programas de auditórios, filmes, telenovelas etc.

Esse merchandising pode ser aplicado com base em anúncios diretos ou indiretos de determinada marca. O anunciante pode falar explicitamente sobre o produto, como acontece com as empresas que divulgam seus itens em programas de televisão, ou ainda quando o ator de determinada novela consome o refrigerante da marca X – ele não fala diretamente sobre o produto, mas o produto está lá para todos verem. A programação esportiva também é repleta de anúncios de diferentes produtos e marcas, que compram o direito de aparecer determinado número de vezes durante a apresentação. É o tipo de propaganda que abrange grande número de telespectadores. No entanto, muitos anunciantes não conseguem maximizar esse investimento em conteúdo ao vincular efetivamente os consumidores aos produtos que veem em razão da ampla variedade de perfis de pessoas que assistem aos programas. Por exemplo: um programa popular de domingo pode ser assistido por crianças, jovens e pessoas de mais idade. Alguns deles podem se interessar pelo anúncio, ao passo que outros podem ver como um incômodo ouvir tantas vezes o chamado do mesmo produto durante a programação. Mesmo assim, para alguns anunciantes, vale muito a pena o investimento nesse tipo de divulgação.

Atualmente[1], um *break* de 30 segundos no programa Domingão do Faustão, da Rede Globo, custa para o anunciante em torno de 360 mil reais (Negócios, 2018). Apesar desse alto investimento, muitos resultados de empresas parceiras foram conquistados.

A partir deste ponto do texto, vamos tratar dos objetivos do merchandising. Zenone e Buairide (2005) destacam três objetivos principais:

---

[1] Compreende o período de outubro de 2018 a março de 2019 (Negócios, 2018).

1) **Vender mais e melhor:** uma boa apresentação tem o poder de valorizar a marca e os produtos, transformando a compra não apenas necessária, mas também prazerosa.
2) **Ampliar o número de consumidores:** conseguir, de maneira permanente, aumentar o número de clientes, oferecendo sempre novidades e novos desejos, pois cada consumidor, objetivamente, tem uma capacidade limitada de compra.
3) **Definir o uso do produto:** pela capacidade econômica, proporcionar redução de custos no ponto de venda.

É importante destacarmos que, antes de tudo, o merchandising deve considerar a marca e os hábitos de compra do cliente. Observe os itens a seguir:

- **Marca:** a empresa deve certificar-se de que, quando os clientes caminharem pela loja, tenham em mente a identidade da marca.
- **Influência dos hábitos de compra do cliente:** o *layout* correto e a adequada colocação de produtos levam os clientes através de todas as áreas da sua loja, estimulando compras por impulso e ampliando a possibilidade de compras de novos itens.

Como você já deve estar concluindo, é fundamental que as empresas façam um bom planejamento do merchandising considerando que o maior volume de informação processada pelo cérebro é recebido pelo sentido da visão – estudos revelam que até 90%. Portanto, as empresas não podem ignorar a importância desse estímulo em seu planejamento de ações para atração dos clientes e efetivação de vendas.

Há empresas que frequentemente pensam em economizar em suas instalações utilizando móveis e decorações inadequadas, escolha que faz com que percam vendas e clientes, o que poderia ser evitado se investissem em espaços atrativos e convidativos para seus consumidores. Dessa forma, para a elaboração de um merchandising eficiente, algumas questões devem ser consideradas:

- **Apresentação diferente para cada departamento ou seção:** uma loja de departamentos com seção masculina, infantil, feminina, de eletrodomésticos etc., por exemplo, deve pensar em *layouts* atrativos com exibição específica, como araras de produtos infantis mais baixas que as demais porque proporcionará à criança também viver a experiência de compra.
- **Móveis e acessórios de disposição:** devem ser, preferencialmente, planejados para a mercadoria que exibem. Itens mal organizados, com espaço inadequado para sua disposição, podem gerar uma impressão de desorganização no espaço de vendas. Roupas penduradas em cabides inadequados, por exemplo, podem apresentar um caimento que não atraia o consumidor.
- **Espaço adequado nos corredores:** pode-se perder visualização e, consequentemente, poder de venda se as mercadorias bloquearem os corredores e o comprador não conseguir alcançar alguns itens.
- **Conforto e acolhimento:** quanto mais agradável for o ambiente, mais tempo o cliente ficará no estabelecimento e, assim, maiores são as chances de ele comprar mais.
- **Variedade de itens:** a apresentação dos itens no ponto de venda deve atentar para a reposição, pois os clientes gostam de ter variedades para a escolha (numeração, cores, modelos etc.) Além disso, é importante que os produtos estejam limpos e em perfeito estado.

- **Sinais e decoração:** esses aspectos servem a dois propósitos básicos – criam um modo de comprar que incentiva o consumo e ajudam os compradores diretos em todas as áreas do ponto de vendas.

5.2 Merchandising em *displays*

A preocupação com o visual das instalações e sua atratividade aos olhos dos clientes faz parte do *visual merchandising*, um conceito que se concentra no aprimoramento do atrativo estético de um produto ou loja para atrair clientes e aumentar as vendas. Algumas regras e truques são empregados por pessoas especializadas na área e que podem levar os varejistas a otimizarem e destacarem os atributos que querem em uma loja.

Sendo assim, é essencial se conhecerem algumas técnicas para destacar pontos de venda, que veremos a seguir: regra de três, princípio da pirâmide, apresentação dos preços.

5.2.1 Regra de três

Três é o número mágico na criação de *displays*, porque não só atende à atenção do cliente, mas também auxilia na fixação da exibição do produto na mente do consumidor. É por isso que muitos especialistas em *visual merchandising* seguem e pregam a regra de três, técnica que consiste em expor produtos em conjunto de três em vez de apenas um, solto, ou seja, organizar os espaços com três produtos lado a lado – agrupados por estilo, tamanho, modelagem etc., como você pode observar na Figura 5.1.

Figura 5.1 Exemplo de regra de três em uma vitrine

zhu difeng/Shutterstock

A regra de três funciona para todas as exposições de produtos, seja para uma exibição para produtos pequenos, seja para manequins, criando assimetria na vitrine ou expositor, o que atrai a atenção as pessoas. Isso ocorre porque, ao perceber objetos simétricos e equilibrados, o olhar se afasta rapidamente porque a cena parece ser comum; já as apresentações assimétricas, ou desequilibradas, são consideradas mais atrativas ao sentido da visão, criando interesse para observar a diferença.

Figura 5.2 Exemplo de regra de três em uma vitrine

Maksym Azovtsev/Shutterstock

Outras considerações sobre essa regra é que as pessoas também tendem a lembrar de coisas que são agrupadas em três e o número ímpar incentiva o cliente a olhar para os diferentes aspectos da exibição, concentrando-se em cada um em separado, em vez de observar toda a exibição ao mesmo tempo, sem dar destaque aos itens.

5.2.2
Princípio da pirâmide

O princípio da pirâmide aplica-se a uma exibição de mercadorias coordenadas em formato triangular, como na Figura 5.3, a seguir. A empresa pode centralizar o maior item e dispor os produtos menores no entorno. Assim, os outros itens estão situados um pouco abaixo do ponto focal, como uma pirâmide.

Figura 5.3 Exemplo de "pirâmide" em uma vitrine

Esse princípio também garante que haja uma variedade de superfície, o que significa que a exibição nunca será "plana" ou "chata". Esse tipo de exposição atrai o cliente porque os produtos parecem direcionar-se até quem os observa.

Figura 5.4 Exemplo de múltiplas "pirâmides" em uma vitrine

Figura 5.5 Exemplo de pirâmide no ponto de venda de um mercado

Josu Oz Karitz/Shutterstock

5.3
Apresentação dos preços

Os principais produtos devem ser destacados com pontos de preço claros em sinais maiores, o que chama a atenção do cliente. Se os consumidores são orientados para o valor, a empresa deve anunciar os itens com o melhor preço com destaque, para que o possível comprador caminhe para a exibição e se aproxime para conhecer de perto os outros itens divulgados.

Todos os outros produtos devem ter pequenos cartões de preços ao lado deles ou ter preços individuais com etiquetas, como as imagens das Figuras 5.6 e 5.7, a seguir.

Merchandising, ponto de venda e técnicas de *display* 135

Figura 5.6 Exemplo de apresentação de preços em vitrine

Creative Lab/Shutterstock

Figura 5.7 Exemplo de apresentação de preços em vitrine

Adisa/Shutterstock

Essas técnicas para informação e apresentação dos produtos no ponto de venda podem ser consideradas como "arte e ciência", porque muitos fatores entram em jogo para o merchandising "perfeito". Por isso, também é muito importante ter-se em mente que, para alcançar sucesso na comercialização visual, a empresa deve se adaptar constantemente. Sendo assim, a observação das técnicas utilizadas que ampliaram as vendas e daquelas que não surtiram os resultados esperados é fundamental. Se a organização mantiver um registro das técnicas e sua relação com as vendas, pode encontrar um padrão que deve ser estimulado. Com seus clientes, determinada técnica pode funcionar melhor do que outras pretendido, para otimizar o plano de merchandising visual.

Além dessas regras, os estímulos e técnicas que podem ser empregadas na construção do merchandising também devem ser considerados. Por isso, vamos apresentar outros aspectos que causam impactos e podem ser influenciadores na construção da imagem nos pontos de venda.

5.4
Cores

O estudo e o correto emprego das cores nas marcas, embalagens e pontos de venda desempenham papel significativo na atração de clientes. Determinadas cores podem atrair ou afastar os clientes, gerando sensações que têm o poder de evocar emoções e influenciar a maneira como o produto é percebido. Nosso cérebro relaciona emoções a cores específicas, como o azul e o verde, que proporcionam tranquilidade, enquanto cores como vermelho e laranja são consideradas excitantes.

No Quadro 5.1, a seguir, você pode conhecer algumas emoções que determinadas cores provocam:

Quadro 5.1 Guia emocional das cores

Otimismo	Clareza / Calor	Nikon, Ups, National Geographic Channel, Denny's, IMDb, Caterpillar, Chevrolet, Sprint, Chupa Chups, Pennzoil, Subway, Shell, Ikea, Best Buy, DHL, Hertz, Good Year, Ferrari, Sun Chips, Schweppes, Mc Donalds.
Amigável	Alegria / Confiança	Nickelodeon, Hooters, Amazon, Payless Shoesource, VLC, Mozilla, Fanta, Starz, Harley Davidson, Crush, Blogger, Shutterfly, Gulf.
Excitação	Juventude / Coragem	Kellogg's, Nintendo, Kmart, YouTube, Coca Cola, Oracle, CNN, Netflix, Toyota, Virgin, Exxon, Pinterest, Lego, Ace, Rolling Stones, Target, Lays, Budweiser, Frito Lay, Canon, KFC, Dairy Queen, Avis, Nabisco, Mitsubishi Motors, Heinz.
Criativo	Imaginativo / Sabedoria	Syfy, Monster, Big Brothers Big Sisters, Mobile, Aussie, Barbie, Yahoo!, Orkut, Lynx, Welch's Odeo, Hallmark Channel, Taco Bell.
Confiança	Seguro / Força	Dell, JPMorgan, Flickr, Lowe's, General Motors, American Express, Intel, HP, Nasa, Oreo, Ford, Facebook, IBM, Wollkswagen, Walmart, Oral B, Pfizer, Vimeo.
Pacífico	Crescimento / Saúde	Whole Foods, Land Rover, Animal Planet, Tropicana, Spotify, Hess, Starbucks Coffee, BP.
Equilíbrio	Neutro / Calmo	Cartoon Network, Mercedes-Benz, Apple, New York Times, Honda, Puma, Nike.

Fonte: Elaborado com base em Guia emocional..., 2013.

A cor é poderosa e pode destacar determinado negócio de maneira positiva ou negativa. Para que tenha destaque para os clientes, uma exibição não pode ser monótona, mesmo que utilize poucas cores. A empresa pode utilizar cores contrastantes, como preto e branco, ou cores monocromáticas, pois ambos podem ser utilizados para criar exibições intrigantes e atraentes, como retrata a imagem da Figura 5.8.

Figura 5.8 Exemplo de exposição monocromática

Tomasz Kobiela/Shutterstock

As cores devem ser utilizadas com o objetivo de atrair a atenção do consumidor, o que realmente ocorre quando consideramos que a maioria das pessoas tende a lembrar com mais facilidade das cores do que do objeto ou produto propriamente dito.

As cores também podem ser empregadas na decoração e na organização de pontos de venda. Produtos separados por cores causam impacto na ordenação e facilitam a escolha dos clientes por aqueles que mais os atraem e direcionam a novas opções considerando a variedade apresentada.

Figura 5.9 Utilização de cores na organização de PDV [1]

Nota: [1] Ponto de venda

Cores fortes ou multicoloridas, como as da Figura 5.9, tendem a chamar mais a atenção; além de considerarem as paletas de cores a serem utilizadas para o destaque dos produtos, as empresas também devem ficar atentas às vitrines ao lado da sua para criar um contraste positivo para seu negócio.

Figura 5.10 Diferentes utilizações de padrão de cores em vitrines

Isso não significa que apenas vitrines repletas de cores atraiam a atenção dos clientes. É possível utilizar uma decoração minimalista para destacar produtos, com fundo de cor sólida (geralmente, branco ou preto), em que os atributos que se deseja enaltecer contrastam nesse cenário.

Figura 5.11 Exemplo de vitrine minimalista

zhu difeng/Shutterstock

5.5
Sinalização

A indicação de informações e produtos em uma loja também deve ser pensada. A sinalização escolhida pode ter a intenção de direcionar os clientes e a de destacar informações ou promoções. As indicações da sinalização devem orientar os clientes através do ponto de venda de maneira estratégica, fornecendo as informações que precisam no momento adequado.

As empresas devem planejar a sinalização considerando que ela deve ser capaz de suprir as dúvidas e fornecer informações adequadas aos clientes naqueles momentos em que a equipe de vendas responsável estiver ocupada com outros atendimentos.

Figura 5.12 Exemplos de sinalização em lojas

Para se pensar na sinalização, tanto o conteúdo quanto a distribuição das indicações são muito importantes. A capacidade de atenção humana é limitada a poucos segundos, por isso, a empresa deve procurar certificar-se de que seu cliente conseguirá encontrar o que está procurando rapidamente ou perderá o interesse. Também deve ser considerada a altura e a distância em que as informações estarão posicionadas.

Figura 5.13 Altura e distância em que as informações devem ser posicionadas

Olhar acima de 1,60m: espaço ideal para elementos que não sejam tão importantes.

10%

Ponto focal

100%

Entre 1,20m e 1,60m: sempre utilize este espaço para expor os produtos principais de sua loja.

50%

30%

Espaço que merece uma atenção especial. Ao utilizá-lo é importante investir em artifícios para atrair o olhar dos consumidores.

Ex: colocar os produtos sobre um apoio ou expositor.

robbin lee e Amesto/Shutterstock

Fonte: Viés, [S.d.].

É imprescindível verificar as exibições para garantir que os clientes possam visualizar facilmente os *hotspots* e as mercadorias. Lembre-se de que o ponto focal deve ser o produto, não um elemento visual usado para fazer indicações. As empresas devem cuidar para que a decoração não chame mais a atenção do que os produtos que estão expostos, ela deve ser parte da história e ter um objetivo para estar ali apresentada.

Figura 5.14 Exposição de produtos em uma loja

fiphoto/Shutterstock

Imagens e iconografia podem ser usadas para dar mais personalidade à identidade visual das lojas. Seus sinais e placas não precisam ser necessariamente escritos, outros recursos para transmitir as informações que os clientes precisam, ao mesmo tempo que são uma extensão da marca da organização, podem surtir excelentes resultados.

5.6
Iluminação

O objetivo da iluminação de um ambiente é definir sua atmosfera global. Assim como funciona com a sinalização, a iluminação pode servir de direcionador dos clientes para as áreas da loja que se deseje destacar.

É recomendado que não se utilizem luzes direcionadas diretamente de cima, pois podem gerar sombras nos objetos que deveriam ter mais destaque. Em vez disso, as luzes podem ser posicionadas lateralmente e à frente do expositor ou da vitrine, o que vai gerar uma impressão de exibição em 3D, criando mais movimento e amplitude ao espaço que utiliza pontos de luz vindos de ângulos diferentes.

Figura 5.15 Exemplo de iluminação

SARYMSAKOV ANDREY/Shutterstock

Para a iluminação, existem três técnicas de composição dentro de um ponto de venda: **iluminação primária**, **iluminação direta** e **iluminação indireta**. A iluminação primária é aquela geral do espaço. A direta tem como objetivo direcionar o foco do cliente para um ponto específico. A indireta tende a ser mais dramática, projetando luz fora do ponto de destaque para criar um efeito intrigante.

Observe cada um dos tipos de iluminação mostrados na Figura 5.19, a seguir.

Figura 5.16 Tipos de iluminação em ponto de venda

Geral

Direta

Indireta

fiphoto, Kumpol Chuansakul e Adisa/Shutterstock

Um dado interessante a ser considerado quando pensamos em iluminação é que os clientes costumam passar mais tempo em ambientes com iluminação mais quente. Observe, nas Figuras 5.17 e 5.18, os diferentes efeitos de cada uma:

Figura 5.17 Ambiente com iluminação quente

Maksym Azovtsev/Shutterstock

Figura 5.18 Ambiente com iluminação fria

zhu difeng/Shutterstock

Para saber mais

Como consumidor, você sabe que a possibilidade de poder "provar" o produto que deseja comprar ajuda muito na escolha, não é? Uma pesquisa feita na Inglaterra sobre o uso dos provadores e sua importância na decisão de compra revela dados interessantes. Leia o artigo que indicamos para você e conheça a pesquisa.

MENDES, C. Provadores podem aumentar a experiência de compra, segundo pesquisa. MM da Moda, 20 jul. 2015. Disponível em: <http://www.mmdamoda.com.br/provadores-podem-aumentar-experiencia-compras/>. Acesso em: 17 nov. 2018.

5.7 Contação de uma história

É possível que uma vitrine seja muito mais do que a simples exposição de produtos à venda: ela pode ser pensada como um cenário que pretende contar uma história para aqueles que a observam. Esse efeito pode ser obtido por meio da forma como as lojas agrupam os produtos em exibição, instigando a imaginação dos clientes com ideias sobre como eles podem usar aqueles produtos.

A loja de móveis Tok&Stok utiliza muito esse recurso, criando cenários sugestivos aos clientes. A pessoa que tem interesse em comprar um sofá, por exemplo, ao ver a combinação de almofadas e objetos de decoração naquela apresentação, pode acrescentá-los à sua compra.

Figura 5.19 Exemplo de cenário criado dentro de uma loja de decoração

Na proposta, os objetos que compõem o cenário podem ser agrupados com base no esquema de cores ou no uso, bem como considerar a aplicação da regra de três ao criar as exibições. Outro estímulo para chamar a atenção é incluir algum objeto que fará o cliente parar e olhar duas vezes para aquele espaço, como algo que pareça estranho ou fora de lugar.

5.8
Exposição dos clientes à quantidade máxima de mercadorias

Uma exibição bem projetada e impactante expõe o cliente ao maior número de mercadorias possível, porém sem criar o aspecto de bagunça. A ideia desse princípio é que, quanto mais itens os clientes veem, mais serão estimulados a comprar.

Pode ser considerado o *layout* de loja circular, que muitos varejistas usam, porque expõe os clientes a mais mercadorias do que os corredores tradicionais.

Figura 5.20 Exemplo de loja com exposição circular

5.9
Uso do espaço vazio com sabedoria

Há um espaço em todas as lojas de varejo que é o mais subutilizado: a seção entre a mercadoria exibida e o teto.
As empresas podem usar esse espaço para muitas iniciativas diferentes, como sinalização, para fornecer informações sobre produtos ou marcas, fotos de combinações relacionadas àquele produto, bem como outros acessórios que poderiam estimular o cliente a comprar mais.

Figura 5.21 Exemplo de utilização de quadros e livros para os espaços vazios

michaeljung, Diana Taliun, Africa Studio, Evgeny Atamanenko e Kate Aedon/Shutterstock

É possível também exibir gráficos de estilo de vida que ajudem os clientes a fazer associações com seus produtos. Uma joalheria pode exibir uma mulher elegante com uma joia, criando uma associação entre os itens da loja e um estilo de vida luxuoso.

Figura 5.22 Exemplo de utilização de foto grande de personalidade com os produtos

dpaint, LunaseeStudios e zhgee/Shutterstock

5.10
Incorporação da tecnologia em merchandising visual

Um procedimento que vem ampliando seu espaço nos pontos de venda é a utilização de tecnologia para criar novidades no merchandising das empresas. Elementos digitais, como telas sensíveis ao toque, interativas, que permitem aos compradores procurar, navegar e compartilhar, continuarão a ser integrados em *displays* na loja.

Figura 5.23 Exemplo de utilização de tecnologia no ponto de venda

A tecnologia *wearable* (tecnologia para vestir) e *beacon* (farol – trabalha como um GPS indoor para locação de produtos) também vão adicionar uma camada de interatividade para consumidores experientes em tecnologia.

Para saber mais

Como todos nós temos consciência, a tecnologia está tomando conta de muitos novos segmentos. Lojas de alimentação, roupas, calçados, entre outras, têm utilizado novas ferramentas para encantar o cliente e facilitar sua decisão na hora de adquirir um novo produto. Para você entender um pouco mais sobre o tema, indicamos duas reportagens:

MORAES, Roberta. Como a tecnologia está transformando o varejo e a indústria. **Mundo do marketing**. 2 mai. 2017. Disponível em: https://www.mundodomarketing.com.br/reportagens/pdv/37317/como-a-tecnologia-esta-transformando-o-varejo-e-a-industria.html. Acesso em: 18 abr. 2019.

WONDERS, A. Tecnologia no PDV: conheça 3 exemplos de tecnologia. **The Future of Retail**. 6 ago. 2018. Disponível em:<http://alicewonders.ws/blog/2018/08/06/tecnologia-no-pdv-conheca-3-exemplos/>. Acesso em: 12 abr. 2019.

Perguntas e respostas

1. Quais são os objetivos do merchandising?

Vender mais e melhor; ampliar o número de consumidores e definir o uso do produto.

2. Quais são as principais técnicas utilizadas pelo varejo para destacar seus pontos de venda?

Regra de três; princípio da pirâmide; apresentação de preços; além de considerar as cores; iluminação e a sinalização como diferenciais.

Síntese

Neste capítulo, tratamos das características do merchandising e como ele é aplicado pelas empresas e nos pontos de venda para incrementar os espaço e atrair mais consumidores.

Seus principais objetivos são: vender mais e melhor, ampliar o número de consumidores e definir o uso do produto pela capacidade econômica, proporcionando redução de custos.

Demonstramos que para se elaborar um merchandising eficiente, cada departamento deve ter uma apresentação diferenciada, pensando no conforto e acolhimento dos clientes.

Também apresentamos algumas técnicas de organização do ponto de venda e *displays*, como: regra de três, pirâmide, apresentação dos preços, correta utilização das cores, boa sinalização, iluminação, utilização de histórias para elaborar uma vitrine, como melhor utilização dos espaços vazios nas lojas e vitrines.

Finalizamos, com a apresentação de tecnologias inovadoras para a área do merchandising visual como *wearable* e *beacon*.

Questões para revisão

1) O merchandising é extremamente importante, pois pressupõe o desenvolvimento e a apresentação de uma identidade e marca de negócios únicos ao público, diferenciando-se da sua concorrência. Muito mais do que um simples método de configuração de prateleiras, ele permite que as empresas encontrem o melhor *layout* da loja e determinem exatamente onde colocar produtos, para que tenham a evidência esperada. Os objetivos do merchandising são:
    a) Facilitar a circulação na loja, garantir mais vendas, chamar a atenção de quem passa na frente da loja.
    b) Vender mais e melhor, ampliar o número de consumidores, definir o uso do produto pela capacidade econômica, proporcionando redução de custos.

c) Elaborar vitrines, coordenar cores e iluminação do PDV, escolher manequins adequados para a disposição das roupas.
d) Acrescentar valor aos produtos apresentados, sinalizar adequadamente o PDV, tornar os espaços mais atrativos.
e) Apelo visual para todas as ações desenvolvidas pela empresa, atrair clientes e se destacar da concorrência com técnicas opostas às praticadas.

2) São algumas das questões a serem coordenadas pela equipe que desenvolve o merchandising de uma empresa:
   I) Cada departamento ou sessão deve ter uma apresentação diferenciada, que agrade o público-alvo daquele espaço.
   II) Móveis, acessórios e espaços no corredor devem ser planejados para serem atrativos e funcionais.
   III) A reposição dos itens no ponto de venda deve ser sempre adiada, para dar a impressão aos clientes de urgência para compra, visto que o item está acabando.
   IV) Não é aconselhável deixar os objetos a venda a disposição do manuseio dos clientes, pois podem bagunçar a loja, causando sensação de desorganização constante.

   É correto o que se afirma em:
   a) I e II.
   b) II e III.
   c) I, II e III.
   d) II, III e IV.
   e) I, II e IV.

3) A sinalização é importante aspecto a ser considerado na elaboração do *visual merchandising* de uma loja. Ela pode ser classificada, quanto aos seus propósitos, em:
   a) Prática, decorativa ou informativa.
   b) Direcional, informativa ou promocional.
   c) Ampla, discreta ou direcionada.
   d) Amadora, profissional ou exclusiva.
   e) Compreensiva, esclarecedora e decorativa.

4) O *visual merchandising* objetiva melhorar os atrativos estéticos de um produto ou ponto de venda. Comente três técnicas que podem ser utilizadas nas empresas.

5) A iluminação molda a atmosfera global da loja e ajuda a chamar a atenção de um comprador para um item específico. Como a sinalização, pode orientar o comprador de forma elegante para as áreas da loja que se pretende destacar. Comente as principais técnicas de iluminação que podem ser utilizadas.

6
Programas de incentivos

Conteúdos do capítulo

- Conceito de *programas de incentivo*.
- Planejamento de ações para programa de incentivos.

Após o estudo deste capítulo, você será capaz de:

1. conhecer as etapas de planejamento de um programa de incentivos, que compreende:
   - determinar os objetivos;
   - atingir o público-alvo;
   - considerar a marca e a cultura da empresa;
   - envolver todos os participantes da organização;
   - identificar as regras do programa;
   - oferecer recompensas significativas aos participantes;
   - alocar um orçamento de recompensas realista;
   - comunicar de maneira eficiente;
   - acompanhar o progresso e medir o *feedback*;
   - oferecer suporte.

Iniciamos este capítulo esclarecendo dois conceitos que são frequentemente confundidos: *programas de fidelidade* e *programas de incentivo*. Ambos são comumente usados em empresas de todo o mundo com o objetivo de incrementar suas vendas, atraindo cada vez mais os consumidores que têm como interesse adquirir os produtos e serviços e ainda conquistar mais benefícios nesse relacionamento com as marcas. No entanto, em algumas situações, as diferenças entre os dois conceitos podem se confundir.

Quando a empresa considera a estratégia que funcionará melhor para seu negócio, é importante que os responsáveis saibam as diferenças entre os programas e qual será o mais efetivo para que se possam alcançar o resultado desejado. De maneira direta, podemos afirmar que os **programas de fidelidade** são direcionados àqueles clientes que já estão fazendo negócios com a organização e são recompensados a cada transação.

Esse tipo de programa permite ao negócio recompensá-los por sua lealdade, mas também ajuda a proteger os clientes de serem atraídos pelos concorrentes, pois, a cada compra não efetuada, o cliente deixa de ganhar algum benefício oferecido pelo programa. O principal objetivo desse tipo de programa é proporcionar crescimento de vendas a um cliente para atingir um objetivo. Segundo Domenico e Macri (2005, p. 5), são três os fundamentos da fidelidade dos clientes:

- Relacionamento: que tem como objetivo criar e manter uma comunicação direta com o cliente;
- Reconhecimento: quando os clientes percebem a diferença da empresa com relação às outras;
- Recompensa: a empresa deve procurar meios para incentivar o cliente a continuar consumindo com ela.

De modo geral, quando as pessoas pensam em programas de fidelidade, elas os associam a uma companhia aérea que dá milhas para voos frequentes ou a um hotel que dá pontos para uma estadia. Embora possam ser chamados de *programas de fidelidade*, existem controvérsias sobre essas iniciativas, pois alguns alegam que elas sejam, na verdade, programas de marketing disfarçados de programas de fidelidade, uma vez que alguns clientes optam por ser leais à companhia aérea, ao hotel etc., preferencialmente, em razão da pontuação. Como sabemos, a natureza humana é competitiva; sendo assim, o "membro" do programa de fidelidade pode tornar-se obcecado por ganhar pontos. Em outras palavras, seria por isso que os passageiros optam por uma companhia aérea com a qual eles recebem mais pontos, mesmo que isso signifique, em algumas situações, pagar mais por uma passagem. A base é que esses programas de fidelização de clientes funcionam para impulsionar as vendas e criar clientes repetidos.

As pessoas gostam desse tipo de campanhas porque se sentem mais motivadas a comprar de empresas que oferecem algum benefício. As empresas só precisam verificar quais os principais atrativos para que seus consumidores continuem propensos a gastar em seus negócios e não nos concorrentes.

Os **programas de incentivo**, por sua vez, são um meio para as empresas darem mais para obter mais de seus clientes. Em vez de recompensar clientes com um cartão de presente ou descontos, como em um programa de fidelidade, um esquema de incentivo geralmente presenteia os consumidores com uma recompensa mais valiosa. O incentivo pode ser mercadoria ou experiência de viagem, por exemplo.

Pesquisas revelam que os indivíduos que foram recompensados com bônus em dinheiro gastaram seus ganhos extras com outras despesas pessoais, como contas e cartões de crédito, enquanto os clientes que receberam incentivos não monetários, como um jantar ou um fim de semana em um hotel, foram mais agradecidos e formaram um vínculo emocional com a marca/empresa (Graham, 2014).

O ideal seria desenvolver uma estratégia que combinasse as duas ações, pois a a fidelidade protege os clientes e os incentivos impulsionam o crescimento das vendas. Incentivar os clientes fiéis a gastar mais é a oportunidade mais lucrativa disponível para uma organização, gerando um aumento no crescimento das vendas de maneira mais linear e progressiva. Você deve estar se perguntando: de que maneira, então, criar um programa de incentivos que consiga atingir esses objetivos? É preciso compreender os pontos que devem ser trabalhados pela empresa e pela equipe encarregada de elaborar e colocar em prática esse programa.

Segundo Hyken (2017, tradução), especialista em atendimento ao cliente, algumas empresas estão investindo em novas aplicações para os programas de fidelidade e de incentivos, utilizando a tecnologia a seu favor: "Empresas experientes e estratégicas agora estão olhando além desses programas de recompensas para encantar, criar e reter clientes fiéis. Eles estão procurando resolver os problemas dos clientes".

Com essa nova estratégia, empresas inteligentes estão levando sua lealdade ao próximo nível. São mais do que apenas pontos ou marketing: elas estão criando experiências convenientes para os clientes, que eles realmente desejam usar. Em muitos casos hoje, as empresas estão fazendo isso fornecendo um aplicativo para *smartphones* dos clientes.

Por exemplo: os membros do programa de recompensa podem fazer o *download* de um aplicativo para celular e depois usá-lo para verificar o *status* de seu quarto de hotel, realizar *check-in* e até mesmo usar o *smartphone* como chave para entrar no quarto, sem precisar retirá-la na recepção.

Um exemplo é o aplicativo Starbucks. Além de um programa de recompensas, o cliente pode usar o aplicativo para fazer um pedido, pagar a conta, localizar uma loja próxima, ser o primeiro a conhecer os lançamentos de novos produtos entre outras facilidades. À medida que os membros ganham estrelas no programa My Starbucks Rewards™, eles podem resgatar as recompensas em tempo real. O aplicativo reforça a marca como um aprimoramento do estilo de vida.

Tanto os programas de fidelização quanto os de incentivos fazem parte do conceito de *marketing de relacionamento*. Segundo Kotler e Armstrong (2003), é uma forma de criar, manter e melhorar a relação com consumidores e outros interessados, bem como de elaborar estratégias para atrair e captar novos clientes. Seu objetivo é trabalhar ações para a retenção, atingir a satisfação e agregar valor ao cliente. Diferentemente do foco do marketing transacional em vendas únicas, o marketing de relacionamento está fundamentado na fidelização de clientes e no compromisso duradouro com eles. Os benefícios consideram aumento de divulgação boca a boca, negócios constantes e permanentes e disposição de uma parcela dos clientes para fornecer *feedback* sobre produtos, serviços e atendimento para a empresa.

6.1
Etapas dos programas de incentivo

São novas tendências para além de atrair o cliente. Torná-lo fiel apenas pela pontuação é pensar de que maneira ele pode ter mais privilégios escolhendo esta marca ao invés da outra. As empresas, para conseguirem atingir seus objetivos de aumento das vendas e manutenção da fidelidade, devem planejar um programa de incentivos considerando alguns aspectos, que veremos na sequência.

6.1.1
Estabelecer um objetivo do programa

O primeiro aspecto que deve ser pensado é o objetivo de se criar um programa de incentivos. Isso pode parecer óbvio, mas grande parte das empresas tem como objetivo simplesmente "aumentar as vendas". Claro que ele não deve ser descartado, mas a empresa deve considerar descobrir o real problema por trás da razão de as vendas estarem fracas, ou por que os clientes não têm interesse em comprar seus produtos. Para isso, a organização deve se questionar: Por que não estamos atraindo clientes suficientes? Por que clientes potenciais estão indo para os concorrentes? Sobre a segunda questão, é preciso refletir: Trata-se de uma questão de preço? Há algum aspecto de serviço que não esteja sendo entregue?

Com base no negócio que pratica, a empresa deve pensar se está atraindo todo o universo de clientes ou se concentrando em construir compras repetidas de um grupo de clientes de "alto valor". Com esse mesmo pensamento, deve se conscientizar de que seu objetivo é promover várias visitas dessas pessoas ao seu ponto de venda ou compras múltiplas dentro de uma visita.

Conhecer o volume de clientes provenientes de referências (marketing boca a boca) também é relevante para que a organização consiga entender e aprofundar as razões pelas quais precisa desse programa e o que espera alcançar com ele. Com a aplicação do programa de incentivo aos clientes, a ideia é que a empresa não deixe de procurar o incremento das vendas e a construção da fidelidade, mas outros pontos também podem ser pensados como objetivos do programa:

- Estimular o compartilhamento entre os clientes (boca a boca).
- Incentivar as pessoas a escolherem suas comunicações.
- Promover testes de produtos e serviços novos.
- Aumentar as vendas de produtos específicos.

6.1.2
Atingir o público-alvo

Não há necessidade de envolver todos os clientes nos programas de incentivo, pois muitos dos consumidores que passam por determinada empresa estão fazendo compras esporádicas e não têm a intenção de ser fiéis à marca. Dessa maneira, o ideal é procurar concentrar os esforços em potenciais clientes de alto nível – os mais propensos a fazer compras substanciais no futuro, mesmo que momentaneamente não sejam clientes regulares – e clientes já frequentes. Isso permite que a organização coloque mais um investimento nos participantes que renderão mais retorno.

6.1.3
Considerar a marca e a cultura da empresa

O programa de incentivo ao cliente é um elemento-chave da estratégia de negócios e precisa refletir os valores e a cultura da organização. Também precisa fazer sentido para os clientes com base no que eles conhecem da marca. A empresa deve manter o tema do programa simples e relevante para o seu principal foco comercial. Além disso, deve pensar sobre como seus clientes estão acostumados a interagir com ela, ou seja, se a organização ainda não utiliza tecnologia como meio principal de comunicação com os clientes, não deve utilizá-la como o único meio de entregar o programa de incentivo ao cliente, por exemplo. A chave é tornar o programa o mais fácil possível para que os participantes compreendam e usem, ou tais iniciativas não serão amplamente aceitas.

6.1.4
Incluir todos da organização no programa

O programa de incentivo ao cliente não deve ser entendido apenas como um projeto de vendas ou marketing, mesmo que essas equipes sejam as líderes e responsáveis pela maior parte do trabalho. Conforme mencionado anteriormente, é uma parte fundamental da sua estratégia de negócios e, para ser feito, ele precisa ser moldado por meio de contribuições de toda a organização. Os recursos humanos, as operações, a logística, o financeiro, enfim, todos os departamentos precisam entender como funciona o programa, suas implicações e como comunicá-lo aos clientes que podem perguntar.

6.1.5
Identificar as regras e o processo do programa

Antes de o programa de incentivos ser lançado, todas as etapas e regras de participação devem ser revistas. Os responsáveis pela iniciativa devem considerar como o participante estará envolvido no programa e testar o processo com pessoas em diferentes partes da sua organização para garantir clareza e facilidade de uso. Não deve haver ambiguidade em qualquer parte do programa, principalmente garantir a compreensão da mecânica do programa – por exemplo, se é um programa fundamentado em pontos e qual é o valor do ponto – , a maneira como o participante ganha pontos e como resgata sua recompensa.

Uma coisa deve estar clara para a empresa que investe nesse tipo de programa: nunca se deve solicitar comportamentos excessivamente complicados, pois eles certamente irão desencorajar a participação dos clientes. Preencher formulários, enfrentar filas para somar os pontos, cumprir com burocracia para resgatar benefícios, entre outras exigências, podem se transformar em um processo enfadonho e irritante para os consumidores em vez de um incentivo.

Uma maneira de manter um programa atual e focado no esforço é usá-lo para promover apenas alguns produtos ou serviços durante um período de vendas específico e, em seguida, apresentar produtos diferentes em outros momentos.

6.1.6
Oferecer recompensas significativas em uma variedade de níveis

A empresa deve utilizar catálogos de premiação que falam especificamente para cada público, bem como considerar certos aspectos porque as recompensas que ela oferece precisam se conectar com o público que se está tentando envolver:

- se a maior parte de seus clientes são mulheres, homens ou ambos;
- se são pessoas jovens ou com idade mais avançada;
- se gostam de esportes ou preferem atividades culturais.

A possibilidade de oferecer recompensas em diferentes níveis de resgate deve ser considerada para que os participantes tenham chance de ganhar algo relativamente rápido. Se a pontuação demora a ser alcançada e os pontos expiram, o consumidor pode ficar frustrado por não conseguir atingir seu objetivo.

6.1.7
Alocar um orçamento de recompensa realista

A empresa deve se certificar de alocar um orçamento suficiente para pagar as recompensas do programa e que deve ser revisto conforme as vendas originárias do programa começarem a aumentar. Elas devem ser atrativas para os consumidores, porém não devem comprometer o orçamento da empresa.

6.1.8
Realizar comunicação eficiente

É fundamental uma equipe de marketing capacitada para desenvolver um sólido plano de comunicação para lançar o programa de incentivo ao cliente. Além de introduzir o programa para direcionar os participantes, a empresa também precisa fazer uma campanha de comunicação para que os colaboradores compreendam claramente o programa e, além disso, ajudem na promoção em outros canais.

As comunicações devem ser um esforço contínuo para destacar aspectos do programa, como novas ofertas de recompensas, promoções de produtos etc., bem como para reposicionar o programa à medida que os objetivos de negócios evoluam. Devem ser utilizados todos os meios disponíveis para ampliar a visibilidade de seus participantes e alavancar seu envolvimento como público cativo para divulgar as principais mensagens de marketing, fortalecer sua marca, aumentar o conhecimento do produto, a educação, entre outros fatores.

6.1.9
Acompanhar o progresso e medir *feedback*

A situação ideal é que o programa de incentivo seja implementado em uma plataforma de tecnologia que possibilite a geração de relatórios personalizáveis. A análise de dados deve incluir todas as informações necessárias para que a empresa decida com base nos resultados apresentados pelo programa, como os seguintes dados:

- inscrições no programa por localização e outros dados demográficos pertinentes;
- dos inscritos, quem realmente participou do programa, onde e quais foram os comportamentos exibidos;
- em que momento o participante respondeu depois de receber as comunicações do programa;
- qual é a probabilidade de um participante indicar a um amigo ou colega;
- qual é a taxa de reclamações dos clientes dos participantes *versus* não participantes e a natureza dessas queixas.

Dados gerais das operações que podem alimentar um sistema de gerenciamento de relacionamento com o cliente (CRM):

- como essas vendas/ações de participantes se compararam com as de não participantes;
- quais locais/regiões mostram a maior participação no programa;
- quais recompensas estão sendo resgatadas – por item, tipo de participante e local;
- qual foi a taxa de venda de clientes repetidas em relação aos não participantes;
- qual é a rentabilidade dos participantes ativos (participações efetivas *versus* apenas inscritos) em comparação com clientes não participantes;
- qual é a probabilidade de um participante fazer uma compra repetida devido ao programa;
- comentários sobre a logística do programa ou recompensas.

O rastreamento e a análise devem ocorrer de forma rotineira para que melhorias, comunicações aprimoradas e outros esforços possam ser feitos para aumentar o sucesso do programa. Assim a empresa pode redirecionar seus esforços caso não estejam sendo atingidos os objetivos esperados ou redimensionar o programa para atender novos públicos, conforme os dados obtidos nos relatórios.

6.1.10
Oferecer suporte

Muitos clientes precisam de suporte constante, e o melhor apoio que se pode oferecer é um compromisso de tempo e energia para garantir que eles estão recebendo tudo o que precisam.

Os clientes gostam de saber que podem confiar na organização. Para que esse vínculo se mantenha, ela deve se assegurar de oferecer seu suporte desde a primeira interação. Um programa de incentivo bem gerido abre a comunicação entre os clientes e representantes de vendas – as discussões agora se concentram em como torná-los mais bem-sucedidos.

Perguntas e respostas

1. Quais são os principais pilares da fidelidade dos clientes?

Relacionamento, reconhecimento e recompensa.

2. Quais são os principais aspectos a serem considerados na elaboração de um programa de incentivos?

Estabelecer um objetivo do programa; atingir o público alvo; considerar a marca e a cultura da empresa; incluir a participação de todos no programa; identificar as regras do programa; oferecer recompensas significativas e, para isso, alocar um orçamento realista; comunicar a todos, de maneira eficiente, e acompanhar o progresso; medir *feedback* e fornecer o suporte sempre que necessário.

Síntese

Neste capítulo, apresentamos as diferenças sutis entre programas de fidelidade e de incentivo e destacamos a importância de a empresa compreender que premiar consumidores fiéis não é apenas uma maneira de fazer com que eles comprem mais, mas também que participem da empresa de maneira ativa.

Uma campanha de incentivos deve considerar vários pontos, desde o seu planejamento do objetivo, seu público-alvo e o alinhamento do programa, considerando a marca e a cultura da empresa, envolvimento de todos os participantes da organização e identificação das regras da iniciativa, para que não haja reclamações e insatisfações dos clientes.

Questões para revisão

1) A primeira etapa para se elaborar um programa de incentivos que atenda às necessidades da empresa e agrade aos consumidores é considerar o seu objetivo. Logo nos vem à mente que o objetivo seja aumentar as vendas, mas a empresa deve compreender por que as vendas não estão satisfatórias. Para isso, ela deve se questionar:
    I) Por que você não está atraindo clientes suficientes.
    II) Por que clientes potenciais estão indo para seus concorrentes.

III) O que é preciso mudar no produto para aumentar suas vendas.

IV) Quais as vantagens que o concorrente oferece para que se possa sobressair com melhores incentivos.

Estão corretas as assertivas:

a) I e II.
b) II e III.
c) I e IV.
d) I, II e III.
e) II, III e IV.

2) São aspectos que devem ser considerados na elaboração de um programa de incentivos:

a) Envolver todos os colaboradores nas campanhas e programas de incentivo.
b) Identificar as regras do programa apenas para quem aderiu, não há necessidade de divulgação pública.
c) A empresa deve envolver todos os clientes, mesmo aqueles esporádicos.
d) Repetir sempre a mesma campanha que gerou resultados no passado, pois investir em campanhas novas é arriscado.
e) Acompanhar os registros de incentivos para evitar premiar a mesma pessoa duas vezes e não contemplar outros associados.

3) Os programas de incentivo devem ser constantemente monitorados. O rastreamento e a análise devem ocorrer de forma rotineira para que melhorias, comunicações aprimoradas e outros esforços possam ser feitos para aumentar o sucesso do programa. Para que um programa de incentivos funcione, é fundamental que:

I) a empresa possa redirecionar seus esforços, caso não estejam sendo atingidos os objetivos esperados.

II) se possa redimensionar o programa para atender novos públicos, conforme os dados obtidos nos relatórios.

III) se reduzam os investimentos se os clientes que se pretendia atingir já estejam envolvidos no programa.

É correto o que se afirma em:

a) Apenas I.
b) Apenas II.
c) Apenas III.
d) I e II.
e) I, II e III.

4) Diferencie programa de incentivos e programa de fidelidade.

5) Além de introduzir o programa de incentivos para direcionar os participantes, a empresa também precisa fazer uma campanha de comunicação para os colaboradores a fim de que eles compreendam claramente e, também, ajudem na sua promoção em outros canais. Justifique como isso pode ocorrer e quais os objetivos dessa comunicação.

7
Planejamento e organização de eventos

Conteúdos do capítulo

- Tipos de eventos.
- Construção de eventos.
- Planejamento de eventos.
- Organização de eventos.

Após o estudo deste capítulo, você será capaz de:

1. construir um evento, considerando todos os aspectos necessários para sua realização, bem como pós-evento e de *feedback*;
2. elaborar e desenvolver todas as fases de planejamento de eventos;
3. dominar as características e atribuições da organização de eventos;
4. utilizar alguns *softwares* e aplicativos específicos para a organização de eventos.

Uma das maneiras de uma empresa ou marca promover seus negócios e ampliar suas vendas é a realização de eventos para seus clientes ou público em geral. Um evento pode ser caracterizado, brevemente, como "uma concentração ou reunião formal e solene de pessoas e/ou entidades realizada em data e local especial, com objetivo de celebrar acontecimentos importantes e significativos e estabelecer contatos de natureza comercial, cultural, desportiva, social, familiar, religiosa, científica etc." (Zanella, 2003, p. 13).

Planejar e organizar um evento podem ser grandes desafios se a empresa não estiver preparada para essa missão. Qualquer falha que ocorra pode desencadear em repercussão negativa para a empresa e sua marca. Por isso, é importante que se saibam alguns detalhes antes da organização, com o desenvolvimento de um *check-list* ainda na fase de planejamento e, posteriormente, que detalhes e ajustes necessários sejam refinados.

A primeira consideração a ser feita para iniciar a realização de um evento é compreender os tipos de eventos que existem e para que se destinam. Vamos tratar disso a seguir.

7.1
Tipos de eventos

Podemos definir os eventos pelo seu **porte**, pelo seu **objetivo** ou, ainda, pelo **público a que se dirige**.

Com relação a seu porte, um evento pode ser classificado como: **pequeno**, **médio** ou **grande**. Os destinados a um grupo menor de pessoas – como um jantar, uma festa privada, um lançamento de coleção para pessoas influentes da moda, entre outros –, cujo objetivo seja selecionar as pessoas-chave desejadas no acontecimento, são o que denominamos *pequeno evento* ou *microevento*.

Um evento de porte médio é aquele que abrange maior número de pessoas, como desfiles, feiras de negócios, exposições em pavilhão. Não é um evento restrito, porém é largamente utilizado quando se pretende divulgar para um público que tenha interesse ou afinidade com o que a empresa está divulgando.

Já os grandes eventos podem ser planejados e organizados em conjunto com outras marcas e empresas para uma divulgação ampla dos seus produtos, como apoiar ou patrocinar um festival de música. Um evento de grande porte exige da empresa suas considerações e planejamento, pois os custos também são proporcionalmente maiores e o retorno esperado deve ser bem pensado antes do investimento.

Em relação a seu objetivo, considerando suas características, podemos subdividir os eventos em:

- **Culturais:** festivais de música ou de teatro, lançamento de livros, exposições de arte etc.
- **Sociais:** coquetel, jantar, arrecadação de fundos para alguma campanha.
- **Comerciais e industriais:** exposições, feiras, desfiles, festivais.
- **Técnico-científicos:** congressos, conferências, seminários, simpósios etc.
- **Desportivos:** campeonatos de futebol, provas de atletismo, torneios etc.
- **Turísticos e de lazer:** excursões e visitas históricas.
- **Religiosos:** encontros de jovens, procissões etc.
- **Políticos:** carreatas, comícios, inaugurações.

Com relação ao **perfil** das pessoas que irão participar do evento, podemos considerar, de forma geral, **dirigida** ou **específica**. Público dirigido seria aquele com interesse pelo tema, por exemplo: um evento para profissionais da área da saúde (engloba médicos, enfermeiros, dentistas, fisioterapeutas etc.). Já o público específico é o perfil exato de destino do evento, é mais limitado, por exemplo: um evento somente para médicos cirurgiões cardíacos.

7.2 Construção do evento

Para construir um evento, primeiramente, a empresa deve entender qual o objetivo que busca, ou seja, a razão da realização desse evento. O objetivo pode ser lançar um novo produto, convidar clientes para conhecer determinado espaço ou divulgar uma nova campanha.

Para isso, a organização deve se certificar, inicialmente, de que existe um objetivo claro e comercial (que traga retorno financeiro) para realizar um evento, pois ele demanda muito tempo da equipe, que poderia estar desenvolvendo outras tarefas na empresa. Se existe a necessidade desse evento, os responsáveis na organização precisam entender sua missão e seu objetivo.

Entendendo o objetivo do evento, a segunda questão a ser respondida é quem a empresa está convidando, ou seja, qual o público-alvo que ela deseja que participe do seu evento. Dependendo do tipo de evento e do seu negócio, a empresa deve considerar cuidadosamente quem deve ser convidado; portanto, é preciso verificar se se trata de algo que o público em geral desfrutaria ou se a ocasião é apropriada apenas para membros selecionados, como pessoas influentes, clientes comerciais, parceiros. Definir o público-alvo especificamente para o evento é uma das chaves para uma boa participação.

Com base nas definições do objetivo e do público, é necessário precisar outros aspectos para tornar esse evento ser um sucesso, independentemente do tamanho definido para ele, o que veremos na sequência.

7.2.1
Comunicação

Cada perfil de público deve ser abordado com comunicação, meios, veículos e mensagens adequados às suas características. Para isso, as empresas podem utilizar mensagens informativas sobre o evento, motivacionais ou ainda que instiguem a curiosidade dos convidados.

Atualmente, as pessoas estão mais conectadas a mídias eletrônicas, como redes sociais, mensagens instantâneas e *e-mails*, mas, segundo Matias (2004), outros meios de comunicação também são eficazes e muito utilizados para divulgação de eventos, como:

- anúncios de eventos em jornais, revistas, rádio e TV;
- fôlder, informativo ou folheto;
- mala direta;
- telemarketing;
- *press release*;
- cartazes distribuídos para empresas e exibidos em fóruns de anúncios da comunidade;
- publicações de mídia social com detalhes do evento agendados ao longo do tempo para criar interesse;
- *busdoor* (Matias, 2004, p. 118-119).

Figura 7.1 Exemplo de anúncio em *busdoor*

Charlotte Bleigenber e Denys Koltanowski/Shutterstock

7.2.2
Logística e pessoal

Questões relacionadas à logística podem tratar-se de simples detalhes, mas podem gerar sérios problemas se não forem atendidas corretamente. O fluxo de tráfego das pessoas e o estacionamento contribuem para a segurança de seus participantes e a correta e clara sinalização pode ajudar a garantir que todos saibam para onde ir.

Além dos carros e das pessoas, a logística da comida também deve ser pensada. Não apenas onde ela ficará disposta – mesa de *buffet* único, serviço nas mesas com cardápio –, mas também na quantidade de pessoas que estão sendo esperadas para o evento. Já pensou se o produto que a empresa está lançando num coquetel para clientes seja muito bem aceito, todos adoraram a ideia e gostariam de adquiri-lo, mas acaba a comida na primeira hora do encontro? Certamente, as pessoas se lembrariam desse fiasco e o objetivo do evento pode ir ao fracasso, por falta de planejamento na quantidade de antepastos.

Outro aspecto que envolve a construção do evento é o pessoal que irá trabalhar nele, por isso é fundamental que a organização tenha, além dos possíveis terceirizados (alimentação, segurança, limpeza), parte de sua equipe disponível para a ocasião. Ela deve elaborar um cronograma com o qual todos se sintam à vontade e queiram participar, pois eles podem contribuir muito para o sucesso da ocasião, ou gerar frustração se os convidados perceberem alguma má vontade.

7.2.3
Envolvendo os participantes no evento

Além de a empresa ter objetivo, comunicar seus convidados, dispor de comida farta e sinalização adequada, precisa saber como fazer para que as pessoas tenham interesse naquilo que, realmente, se deseja comunicar. Um encontro de negócios pode acabar se tornando uma reunião de amigos, principalmente, se o público convidado for específico. O objetivo não é apenas reunir essas pessoas para conversarem amenidades, mas sim concretizar aquilo que foi planejado como propósito desse evento.

A organização pode envolver as pessoas, para que elas tenham interesse no real objetivo do evento, das seguintes maneiras:

- convidando uma personalidade de destaque para chamar a atenção das pessoas para o que a empresa quer comunicar;
- se o evento ocorrer nas dependências da organização, os responsáveis pelo evento podem propor um passeio pelas instalações, principalmente, se as instalações contarem com atrativos como arte, sistemas de eficiência energética ou sustentabilidade.
- organizando brincadeiras e jogos para crianças e adultos

7.2.4
Brindes, presentes, amostras

Outra boa maneira de agradecer aos participantes do evento pelo apoio no evento da organização consiste na oferta de algum tipo de brinde. Dependendo da empresa, é possível distribuir um produto existente ou, se for o lançamento de um novo modelo, a empresa pode fazer com que ele chegue às mãos primeiramente dos convidados, o que pressupõe exclusividade e gera maior interesse dos participantes.

Caso o objetivo do evento seja outro, patrocinadores para brindes podem ser angariados, para que não seja necessário gastar recursos adicionais em itens promocionais.

7.2.5
Documentar o evento

Compartilhar o evento pelo *site* ou pelas redes sociais da empresa é uma ótima maneira de mostrar a interação da comunidade e o outro lado da organização. Essa escolha requer fotos, mas não significa necessariamente a contratação de um fotógrafo profissional. Muitas pessoas gostam de tirar *selfies* e, se for disponibilizado um espaço especial para isso, que identifique adequadamente a marca da empresa, pode representar mais uma divulgação que os convidados farão espontaneamente. Além disso, capturar citações dos participantes é outra ótima maneira de documentar o sucesso de um evento. Essas citações podem ser usadas (com a devida permissão) na página virtual da empresa e em materiais de marketing futuros.

7.2.6
Pós-evento e *feedback*

Os organizadores do evento devem sempre discutir e rever o planejamento com sua equipe após o evento, pois tal procedimento é importante para se descobrir o que funcionou e o que não aconteceu conforme o previsto e, dessa forma, seja possível melhorar o próximo evento.

Considerando esses aspectos durante a realização dos eventos, vamos tratar, agora, das figuras e atividades fundamentais para o planejamento e organização dos eventos, considerando que são duas funções distintas, que em alguns momentos as atividades podem se sobrepor, mas com papéis específicos para cada necessidade dos eventos.

7.3
Planejamento de eventos

Segundo Matias (2004, p. 111), "as fases do processo de planejamento e organização de eventos são: concepção; pré-evento; per ou transevento; e pós-evento".

O planejamento inicia-se na concepção da ideia e continua todo o caminho até a concretização do evento. Envolve comunicação e colaboração com os clientes para projetar um evento que reflita a sua visão e atenda seus desejos e necessidades. Os clientes que contratam um planejador de eventos querem alguém para desenhar todos os aspectos do evento, incluindo os detalhes e execuções prévias, além do acompanhamento do cliente até sua conclusão.

O planejamento de eventos tornou-se uma profissão popular na última década. Um planejador de eventos é normalmente responsável por coordenar e gerenciar uma reunião, uma festa, uma convenção ou um grande evento. O planejador de eventos trabalhará com a empresa para assegurar que ele seja executado com qualidade.

São muitas as responsabilidades de quem realiza o planejamento de eventos, entre elas:

- **Selecionar um tema geral para o evento:** muitas vezes, o cliente tem uma ideia inicial, porém ela pode destoar do objetivo pretendido.
- **Desenvolver o orçamento:** o cliente pode não ter noção dos custos envolvidos para realizar o evento que deseja.
- **Planejar os convites:** os convites devem ser elaborados e entregues com a antecedência necessária para o evento, bem como quais os meios de comunicação que serão utilizados para entregá-los, ou seja, serão convites eletrônicos, enviados por *e-mail*, por rede social ou entregues fisicamente para os convidados.
- **Selecionar local adequado ao cliente e à quantidade de pessoas características do público:** formal ou informal, condições de clima, infraestrutura etc.

- **Planejar a divulgação e a comunicação:** se for um evento aberto, para que mais pessoas participem, deve-se pensar em quais canais de comunicação serão divulgadas as ações do evento. Isso deve ser pensado de acordo com o público-alvo e quantidade de pessoas que se pretende atingir.
- **Negociar hospedagens:** se o evento for de grande porte e receber pessoas de outras localidades, o planejador de eventos deve entrar em contato com hotéis da região para verificar condições de alojamento e melhores tarifas para apresentar ao cliente.
- **Coordenar o transporte:** se o evento ocorrer em algum lugar diferente do hotel onde os convidados estão hospedados, por exemplo, deverá também ser pensado o *transfer* de um local a outro. Se houver convidados de outras localidades que vieram de avião ou ônibus, devem ser destinadas pessoas e veículos para buscá-los em seus desembarques.
- **Contratar fornecedores externos:** o planejador de eventos deve realizar os contratos com empresas para fornecimento, por exemplo, de alimentação, bebidas, sonorização, segurança etc.
- **Planejando o menu:** se o evento que se está planejando envolver alimentação, o responsável deve, juntamente com o cliente, planejar o menu, considerando os desejos do cliente, mas também pensando no público para oferecer soluções que atendam a todos, ou quase todos, os convidados. Digamos, por exemplo, que se trata de um casamento cuja família da noiva é vegetariana, porém o noivo adora carne e não quer excluir todas as opções. O planejador deve verificar opções que atendam a ambos, sem aumentar o orçamento e deixar alguma parte descontente.

- **Escolher decoração:** a decoração do evento (cores, iluminação, adornos etc.) deve ser pensada antecipadamente junto com o cliente. A decoração deve refletir o objetivo e tema do evento. Uma conferência de médicos, por exemplo, exige uma decoração muito mais sóbria do que o encerramento da turma de dança do teatro municipal da cidade.
- **Organizar oradores convidados ou entretenimento:** o evento pode incluir ainda alguma apresentação artística, como músicos, dançarinos, DJs, ou ainda requerer suporte para algum orador convidado que fará um pronunciamento. Se essas pessoas necessitarem de algum apoio adicional, deve ser verificado antecipadamente, na fase do planejamento.

Essas são algumas atividades do planejamento de eventos, que ainda pode compreender mais ações específicas, com maior ou menor complexidade, dependendo da sua natureza e do seu tamanho. Deve-se ter claro que, sejam quais forem as atividades, a função de planejar está sob o guarda-chuva da organização ou gerenciamento de eventos.

7.4 Organização de eventos

O planejamento de eventos é apenas uma parte da organização de eventos, pois ele é composto de diversos projetos e coordenação de pessoas, atividades e recursos que envolvem diversas fases e ações. No entanto, muitas vezes, as atividades se sobrepõem e podem ser executadas pela mesma pessoa, que planeja e gerencia os eventos.

Pode parecer, à primeira vista, uma atividade prazerosa, pois lidar com festas e comemorações nos remete a sensações positivas. Entretanto, essa atividade foi considerada, em um estudo da Carrer Cast, publicado pela *Revista Exame* (Pati, 2016), como uma das atividades mais estressantes do mundo, por lidar com prazos apertados, altas expectativas dos clientes e exigência de muita atenção aos detalhes.

Os aspectos da organização e gerenciamento de eventos podem incluir, além das atividades já executadas no planejamento, as que estão listadas a seguir:

- **Projetar planos de contingência de emergência:** pode acontecer que o que havia sido planejado não saia conforme o esperado, como uma falha na previsão do tempo, um voo com a celebridade convidada não aterrissar a tempo ou o *buffet* confundir-se e a comida não ser a encomendada. O gestor de eventos deve procurar meios de contornar essas situação, afetando o menos possível a qualidade do resultado do evento.
- **Assegurar o cumprimento das normas de segurança e saúde:** eventos grandes são mais difíceis de controlar, porém devem ser destinados agentes de segurança suficientes para que não ocorra nenhuma confusão. Da mesma maneira, devem ser respeitadas as normas de lotação dos espaços, avisos de não fumar e outras considerações que os órgãos responsáveis determinam para o local.
- **Pessoal responsável por cada função:** por mais eficiente que o gestor do evento seja, ele não conseguirá acompanhar todas as atividades sozinho, por isso é necessário delegar. Designar pessoal responsável para cada uma das funções, como cozinha, segurança, logística,

entretenimento etc., assim conseguirá que menos pessoas se reportem a ele e terá uma visão geral do todo.

- **Supervisionar a execução de um evento:** o gestor deve comparar se aquilo que havia sido planejado no início realmente está se concretizando. Muitas vezes, fazemos ajustes no projeto e não verificamos qual o impacto que mudanças pequenas causam no final. Também é atribuição do responsável do evento supervisionar toda a execução, desde a concepção da ideia até o pós-evento.
- **Monitorar o evento:** durante a realização do evento, com apoio do pessoal responsável, o gestor precisa monitorar todas as ações. Por exemplo: os hotéis reservados estão satisfatórios para os hóspedes, o serviço de transporte chegou no prazo, as pessoas encontraram facilmente o local, a bebida está gelada, ou seja, são diversos itens para serem verificados.
- **Resolver situações de eventos na internet:** o gestor também é responsável pela divulgação do evento nas mídias sociais. Imagine que aconteça algum acidente no evento e, rapidamente, muitas pessoas começam a tirar fotos para colocá-las em suas redes sociais. O responsável pelo evento deve cuidar para que esse acidente não tome proporções além das contornáveis para que não prejudique a imagem da empresa.

Como você já pôde observar, o planejamento e a organização de eventos exigem muitas responsabilidades e envolvem diversas atividades, para isso são necessários alguns procedimentos e técnicas que podem ajudar os planejadores e organizadores a terem todas as informações à mão para que possam coordenar tarefas e pessoas com maior facilidade.

7.4.1
Criação de pastas e agenda de eventos

A utilização de agenda e pastas de eventos é considerada uma maneira rápida e eficiente de se organizar as ações e atividades para seu planejamento. Já existem *softwares* específicos para essa organização, porém muitas pessoas ainda utilizam arquivos físicos com o objetivo de facilitar arquivamento, localização e consulta de alguns aspectos e os detalhes importantes do programa, como contratos, notas, recibos, *vouchers* de hotéis e outros documentos.

Uma maneira organizada de se trabalhar consiste na criação de um arquivo para cada evento. De acordo com a sua complexidade, essa pasta pode incluir diferentes seções, organizadas conforme as atividades do evento, datas, nomes, pendências e urgências etc.

Além da pasta que acompanhará o planejador, pode ser criada outra para guardar referências, ideias, sugestões para mostrar ao cliente. Para isso, pode-se utilizar, inclusive, aplicativos, como o Pinterest[1], que disponibiliza diversas fotos e materiais em que o planejador pode se inspirar e discutir com seu cliente mais ideias para o evento, como dicas, decoração, esquema de cores, cardápios etc.

Para que os organizadores de eventos possam acessar sempre os documentos, *e-mails* e fotos, não é necessário adquirir *softwares* específicos, pois pode ser utilizado para esse fim o arquivamento em um disco virtual, isto é, na chamada "*nuvem*", como no Google Drive e no Dropbox, que facilitam

---

[1] Rede social de compartilhamento de fotos, principalmente imagens temáticas como jogos, *hobbies*, trabalhos manuais etc. Disponível em: <https://br.pinterest.com/>.

a organização das informações e são fáceis de acessar de qualquer dispositivo em qualquer lugar.

7.4.2
Softwares e aplicativos para organização de eventos

Apesar de alguns organizadores ainda preferirem manter, fisicamente, os documentos e informações perto de si, cada vez mais estão sendo utilizados *softwares* e aplicativos para planejamento de eventos, que são pensados para atender às necessidades desses profissionais. Esses aplicativos acumulam diversas tarefas e responsabilidades e têm objetivos que atendem diferentes necessidades.

> Conheça algumas dessas ferramentas digitais utilizadas pelos planejadores de eventos:
>
> **TODOIST**: gerenciador de tarefas e projetos, com "apps e extensões para mais de 10 plataformas, suas tarefas estão sempre atualizadas e sincronizadas onde você precisar delas: em dispositivos móveis, navegadores, caixas de email e muito mais". Os usuários podem compartilhar tarefas ilimitadas com qualquer pessoa, para criar uma rede colaborativa em tempo real em projetos e objetivos compartilhados. Oferece as versões Business e Premium.
>
> Disponível em: <https://ptbr.todoist.com/>. Acesso em: 12 abr. 2019.
>
> **USI UNGERBOEK SOFTWARE**: *software* de gestão de eventos, projetado para a indústria de eventos e para facilitar a vida dos planejadores. Permite que sejam cadastrados todos os detalhes relevantes, com o objetivo de

eliminar "processos de alto risco como fazer o login em sistemas diferentes, manter planilhas do Excel e enviar e-mails manualmente para colegas de trabalho, clientes, parceiros e fornecedores". Oferece plataformas para: gestão e planejamento de eventos; ordens de serviço e trabalho do evento; *catering*; *websites* de feiras e *tradeshow* e soluções móveis; gestão de inventário; compras; palestrantes, apresentações e trabalhos científicos

Disponível em: <https://ungerboeck.com>. Acesso em: 12 abr. 2019.

MOBLEE: *startup* que oferece diversas soluções para eventos, como: *promoter* para divulgação dos eventos na *web*; *register* para facilitar as inscrições em eventos; *collect*, que permite a captura de contatos; *engage* para promover mais engajamento nos eventos.

Disponível em: <https://www.moblee.com.br/>. Acesso em: 12 abr. 2019.

SINAPPSE: oferece um aplicativo que reúne o mapa do evento, integração com as redes sociais e compartilhamento de notícias do próprio evento. Também fornece facilidades e relatórios para o planejador do evento, como customização: personalização com a identidade visual do cliente e evento; programação: os visitantes tem acesso fácil a todas as informações do evento; interatividade e conexão.

Disponível em: <http://www.sinappse.com/>. Acesso em: 12 abr. 2019.

TRELLO: aplicativo gratuito para organizar todas as tarefas de um projeto. "O Trello adapta-se ao seu projeto, time e fluxo de trabalho. Tudo o que está relacionado ao seu projeto fica à vista no quadro, e tudo é atualizado em tempo real. Não é preciso configurar nada, e todos recebem as informações instantaneamente".

Disponível em: <https://trello.com/>. Acesso em: 12 abr. 2019.

Perguntas e respostas

1. Quais são as principais responsabilidades de um planejador de eventos?

- Selecionar um tema geral para o evento.
- Desenvolver o orçamento.
- Planejar os convites.
- Selecionar um local que atenda às expectativas do cliente.
- Planejar a divulgação e a comunicação.
- Negociar hospedagens.
- Coordenar o transporte.
- Contratar fornecedores externos.
- Planejar o menu.
- Escolher decoração.
- Organizar oradores convidados ou entretenimento.

Síntese

Neste capítulo, demonstramos que uma das maneiras de as empresas e marcas se promoverem é por meio da realização de eventos, que podem ser exclusivos, para poucos convidados selecionados, ou megaeventos, que a empresa patrocina ou com os quais associa sua marca para ser vista e reconhecida por um grande público. Independentemente do tamanho e do objetivo do evento, seu desenvolvimento implica várias etapas e grande complexidade de atribuições, desde o pré-evento, passando pelo pós-evento e *feedback*.

Mostramos que as atividades de planejamento e organização podem até ser de responsabilidade da mesma pessoa, mas são atividades distintas, que envolvem rotinas e preocupações com todas as etapas do evento e, para que seja possível distingui-las, explicamos as características e as fases do planejamento de eventos e as atribuições da organização de eventos e sua abrangência.

Por fim, apresentamos diversos *softwares* e aplicativos específicos para a organização de eventos, que auxiliam em todas as atividades correlatas.

Questões para revisão

1) (TCE – 2009) Com relação à organização de eventos, assinale a opção correta:
   a) A organização de um evento inclui, em ordem de importância, as seguintes etapas: redação oficial, técnicas de venda, assinatura de contrato de prestação de serviços, contabilidade dos gastos e atendimento ao público externo.
   b) As estratégias de divulgação de um evento são definidas independentemente do tipo de público.
   c) São exemplos de eventos promovidos habitualmente por instituições públicas: palestras, conferências, feiras, gincanas, passeatas, comícios e *shows* musicais.
   d) Ao promover um evento, os organizadores devem considerar, entre outros aspectos, estratégias de aproximação com os públicos da instituição promotora.
   e) No caso de um evento corporativo, denomina-se público-alvo aquele segmento que trabalha na organização e no planejamento do próprio evento.

2) (TCE – 2009) Assinale a opção que apresenta, de forma sistemática, elemento(s) considerado(s) indispensável(is) para a organização bem-sucedida de um evento.
   a) Escolha do local adequado para acomodar os convidados.
   b) Escolha de palestrantes qualificados.
   c) Definição dos objetivos do evento.
   d) Campanha publicitária para divulgar o evento na televisão.
   e) Definição do público-alvo, definição dos objetivos do evento, escolha do espaço físico adequado, definição das estratégias de divulgação e avaliação dos resultados do evento.

3) Planejar e organizar um evento podem ser grandes desafios se não se está preparado para essa missão. Qualquer falha que ocorra pode gerar repercussão negativa para a sua empresa e marca, por isso é importante saber alguns detalhes antes da organização, com o desenvolvimento de um *check-list* ainda na fase de planejamento e, posteriormente, refinar os detalhes e ajustes necessários. O primeiro ponto a ser levantado é o tipo de evento que se está realizando. De que maneira podemos classificar um evento?
   a) Pela abrangência, pela divulgação e pelo propósito.
   b) Pelo porte, pelos participantes e pelo objetivo.
   c) Pela categoria, amplitude e pelos colaboradores.
   d) Pela técnica, tamanho e origem.
   e) Pelo objetivo, classificação e participantes.

4) Cada tipo de público para um evento necessita de uma estratégia de comunicação específica, com meios, veículos e mensagens adequadas às suas características. Para isso, podemos utilizar mensagens informativas sobre o evento, motivacionais ou ainda que despertem a curiosidade. Quais os principais meios e mídias utilizadas para a comunicação de um evento?

5) Um planejador de eventos é, normalmente, responsável por coordenar e gerenciar uma reunião, uma festa, uma convenção ou um grande evento. O planejador de eventos trabalhará com a empresa para assegurar que ele seja executado com qualidade. Quais são as principais responsabilidades de quem realiza o planejamento de eventos?

Para concluir...

Neste livro tivemos como objetivo apresentar diversas considerações e temáticas organizadas para se estabelecer como uma ferramenta de apoio aos estudantes e profissionais da área de promoção e vendas. Por isso abordam diferentes conceitos, estudos e interesses dessas áreas, levantando os principais aspectos que influenciam as decisões e os temas que profissionais precisam dominar para desenvolver sua carreira.

Inicialmente, apresentam os conceitos de produtos e serviço, os principais tipos de produtos, seu ciclo de vida, o portfólio de valor, a composição e as dimensões possíveis dos mais diferentes itens. É fundamental que saiba aplicar, na prática, esses conceitos, para determinar os diferentes tipos de produtos e as necessidades para alavancar vendas, atrair mais consumidores ou se destacar em um mercado competitivo.

Na sequência, abordam conceitos sobre mercado e mercado-alvo; tipos e estruturas de mercado; estimativas e pesquisa de mercado e potencial de mercado. Pesquisas de mercado são aplicadas, frequentemente, por empresas especializadas para medir as tendências dos consumidores.

Os principais conceitos de *promoção* e os componentes que formam o *mix* da promoção, ou composto promocional, podem ser utilizados pelas organizações de acordo com o objetivo de sua comunicação. Abordamos alguns exemplos de comunicações divulgadas na mídia para ilustração do conteúdo, bem como as características do varejo e exemplos de varejistas.

Por fazerem parte de um mercado muito mais competitivo que o industrial, os clientes do varejo são mais suscetíveis a mudar de fornecedor se outro apresenta uma oferta melhor. Portanto, os varejistas devem se preocupar em atrair e fidelizar seus clientes, bem como investir em promoções e em campanhas que atraiam os consumidores e façam-nos perceber o diferencial de escolher este produto em detrimento ao outro que não se preocupa em agradá-lo.

Prosseguimos com o conteúdo apresentando as definições de merchandising, tipos e exemplos de organização e apresentação de pontos de venda e técnicas de *display*. Também tratamos do conteúdo sobre mecânicas e aplicações de promoções e calendário promocional, com mais informações e exemplos práticos, assim como da importância da elaboração de um calendário promocional para as empresas, considerando suas datas importantes e as datas e feriados que são mais representativos no comércio brasileiro.

Assim como as promoções, ter um merchandising atraente faz muita diferença na hora de conquistar mais clientes. As pessoas gostam de entrar em um ponto de venda organizado, sentem-se atraídas por vitrines bem elaboradas e acham útil saber quanto custa e onde se localiza determinado produto. Certamente, é um ótimo investimento a ser feito para empresas que se preocupam com aspectos visuais e de atração de consumidores.

Na sequência, quando discutimos sobre programas de incentivos, diferenciamos o que são programas de incentivo e de fidelidade, contextualizando a importância do relacionamento com os clientes, e não apenas o estímulo para vendas. A empresa precisa determinar a melhor maneira para incentivar seus consumidores a continuarem comprando e divulgar para os demais as vantagens que determinada marca e empresa proporciona.

Consumidores fiéis gostam de ser recompensados por isso. Quando cria um programa de incentivos e fidelidade, a organização promove a marca, deixa os clientes satisfeitos em continuar fazendo parte porque eles sabem que são importantes e que cada vez mais poderão ser ainda mais recompensados.

Encerramos o conteúdo com o tema de planejamento e organização de eventos, com os principais tipos de eventos que podem ser desenvolvidos, bem como sua classificação, seu planejamento e sua organização. Eventos são fundamentais para a divulgação das marcas e produtos e, por esse motivo, saber organizá-los de maneira eficiente é fundamental. Com as novas tecnologias, a disposição e cada vez com menores custos e maiores facilidades, são apresentados neste capítulo alguns *softwares* e aplicativos específicos para esta atividade.

Não seria possível encerrarmos o conteúdo de vendas e promoção sem falarmos da importância dos eventos para essa atividade. Muitas empresas não investem diretamente em comerciais em televisão, ou promoções de vendas, mas realizam eventos para se promover e agradar seus clientes, ou seja, todo o investimento que seria despendido em vários anúncios se concentra nesse único momento. Para isso, precisa ser minuciosamente planejado, para que alcance os efeitos positivos esperados e traga o resultado e o sucesso vislumbrados pela marca quando optou por essa atividade.

Assim, concluímos o conteúdo deste livro esperando que você tenha aproveitado a leitura e que possa aplicá-la em seu cotidiano profissional e desenvolver sua carreira. O tema é extremamente vasto e em constante evolução; cabe a você procurar sempre, inovar e buscar seu aprimoramento na vida acadêmica e profissional.

Sucesso!

Referências

ARMSTRONG, G.; KOTLER, P. **Princípios de marketing**. 12. ed. São Paulo: Person Prentice Hall, 2007.

BARBOSA, G. G.; RABAÇA, C. A. **Dicionário de comunicação**. Rio de Janeiro: Campus, 2001.

BLESSA. **Merchandising no ponto de venda**. São Paulo: Atlas, 2005.

BLESSA, R. **Merchandising no ponto de venda**. São Paulo: Atlas, 2010.

BRADESCO. Departamento de Pesquisas e Estudos Econômicos. **Comércio varejista**. Departamento de Pesquisas e Estudos Econômicos. jun. 2017. Disponível em: <https://www.economiaemdia.com.br/EconomiaEmDia/pdf/infset_comercio_varejista.pdf>. Acesso em: 11 abr. 2019.

CASTRO, L. T.; NEVES, M. F. **Administração de vendas**: planejamento, estratégia e gestão. São Paulo: Atlas, 2012.

COBRA, M. **Administração de vendas**. 4. ed. São Paulo: Atlas, 2011.

COSTA, M. P. da. **Inbound marketing**: objetivo, vantagens e resultados. Marketing moderno, 3 set. 2018. Disponível em: <http://www.marketingmoderno.com.br/inbound-marketing/>. Acesso em: 7 maio 2019.

DOMENICO., S. M. R.; MACRI, M. **Confiança e fidelização de clientes**: um estudo em serviços aéreos. Disponível em:<http://sistema.semead.com.br/8semead/resultado/trabalhosPDF/267.pdf>. Acesso em: 12 abr. 2019.

FERREIRA, T. Bom humor é o ingrediente secreto da Lola Cosmetics. **Diário do Comércio**, 28 jun. 2017. Disponível em: <https://dcomercio.com.br/publicacao/bom-humor-e-o-ingrediente-secreto-da-lola-cosmetics>. Acesso em: 12 abr. 2019.

GARCIA, M.E.; VASCONCELLOS, M.A.S. **Fundamentos de Economia**. 2.ed. São Paulo: Saraiva, 2005.

Graham, C. **Study: whay customers participate in loyalty programs**. Technology Advice, 23 jul. 2014. Disponível em: <https://technologyadvice.com/blog/marketing/why-customers-participate-loyalty-programs/>. Acesso em: 7 maio 2019.

GUIA EMOCIONAL das cores. **Acervo Publicitário**, 7 abr. 2013. Disponível em: <http://www.acervopublicitario.com.br/2013/07/dicas-como-utilizar-as-cores-em-seus.html>. Acesso em: 12 abr. 2019.

HONORATO, G. **Conhecendo o marketing**. São Paulo: Manole, 2004.

HYKEN, S. The Best Loyalty Programs Go Beyond Rewards. **Forbes**, 25 mar. 2017. Disponível em: <https://www.forbes.com/sites/shephyken/2017/03/25/the-best-loyalty-programs-go-beyond-rewards/#168183432503>. Acesso em: 12 abr. 2019.

KOTLER, P. **Administração de marketing**. São Paulo: Pretice Hall, 2000.

_____. **Marketing**: edição compacta. São Paulo: Altas, 2009.

KOTLER, P.; ARMSTRONG, G. **Princípios de marketing**. São Paulo: Pearson, 2003.

KOTLER, P.; KELLER, K. L. **Administração de marketing**. 12. ed. São Paulo: Pearson, 2006.

LAS CASAS, A. L. **Marketing de varejo**. 3. ed. São Paulo: Atlas, 2004.

_____. **Marketing**: conceitos exercícios, casos. 7. ed. São Paulo: Atlas, 2006.

MARCAS. **Nestlé faz bem**, [S.d.]. Disponível em: <https://www.nestle.com.br/marcas/nescafe>. Acesso em: 7 maio 2019.

MATIAS, M. **Organização de eventos**: procedimentos e técnicas. 3. ed. Barueri: Manole, 2004.

MENDES, C. Provadores podem aumentar a experiência de compra, segundo pesquisa. **MM da Moda**, 20 jul. 2015. Disponível em: <http://www.mmdamoda.com.br/provadores-podem-aumentar-experiencia-compras/>. Acesso em: 12 abr. 2019.

MONTELLA, Maura. **Economia passo a passo**. Rio de Janeiro: Qualitymark, 2004.

NEGÓCIOS Globo. **Lista de preços**. [S.d]. Disponível em: <http://negocios8.redeglobo.com.br/Storage%20%20Planejamento%20Rede/Lista%20de%20Pre%C3%A7os%20out%202018%20a%20mar%202019.pdf>. Acesso em: 7 maio 2019.

OLIVEIRA, B. **Gestão de marketing**. São Paulo: Pearson Prentice Hall, 2012.

OLIVEIRA, D.; ABDALLAH, A.; FERREIRA, M. O maior vendedor do Brasil. **Revista Época**, 5 jul. 2012. Disponível em: <https://epocanegocios.globo.com/Informacao/Visao/noticia/2012/07/o-maior-vendedor-do-brasil.html>. Acesso em: 12 abr. 2019.

PARENTE, J. **Varejo no Brasil**: gestão e estratégia. São Paulo: Atlas, 2000.

PATI, C. As 10 profissões mais estressantes para 2016. **Exame**. 13 set. 2016. Disponível em: <https://exame.abril.com.br/carreira/as-10-profissoes-maisestressantes-para-2016/>. Acesso em: 12 abr. 2019.

PEACH JR., R. A evolução da tecnologia no ponto de venda. **Mundo Marketing**, 24 out. 2012. Disponível em:<https://www.mundodomarketing.com.br/artigos/ronald-peach-jr/25749/a-evolucao-da-tecnologia-no-ponto-de-venda.html>. Acesso em: 12 abr. 2019.

Como usar marketing direto para atrair e fidelizar clientes. **EXAME**. 22 mar. 2015. Disponível em: <https://exame.abril.com.br/pme/como-usar-marketing-direto-para-atrair-e-fidelizar-clientes/>. Acesso em: 12 abr. 2019.

ROCHA, A.; CHRISTENSEN, C. **Marketing**: teoria e prática no Brasil. 2. ed. São Paulo: Atlas, 1999.

SANT'ANNA, A. **Propaganda**: teoria, técnica e prática. São Paulo: Pioneira Tomson Learning, 2002.

SEBRAE – Serviço Brasileiro de Apoio às Micro e Pequenas Empresas. **Venda melhor**: datas comemorativas e temáticas. São Paulo: Sebrae, 2015. Disponível em: <http://www.bibliotecas.sebrae.com.br/chronus/ARQUIVOS_CHRONUS/bds/bds.nsf/966e994e33efbeea60daa21fdc2e9cbb/$File/Folder%20Venda%20melhor%20datas%20comemorativas%20e%20tematicasset2017AF%20web.pdf>. Acesso em: 11 abr. 2019.

STANTON, W. J.; SPIRO, R. **Administração de vendas**. 10. ed. Rio de Janeiro: LTC, 2000.

TAVARES, F. M. Ciclo de vida do produto: introdução, crescimento, maturidade, declínio. **Marketing Futuro**, 25 set. 2012. Disponível em: <https://marketingfuturo.com/ciclo-de-vida-do-produto-introducao-crescimento-maturidade-declinio/>. Acesso em: 3 abr. 2019.

VIÉS Design. **Visual merchandising**: destaque de produtos através do ponto focal, [S.d.]. Disponível em: <https://www.viesdesignmoda.com.br/2014/11/visual-merchandising-destaque-de.html>. Acesso em: 7 maio 2019.

ZANELLA, L. C **Manual de organização de eventos**: planejamento e operacionalização. São Paulo: Atlas, 2003.

ZEITHAML, V. A.; BITNER, M. J.; GREMLER, D. D. **Marketing de serviços**: a empresa com foco no cliente. Tradução de Felix Nonnenmacher. Porto Alegre: AMG Ltda, 2014.

ZENONE, L. C.; BUAIRIDE, A. M. R. **Marketing de promoção e merchandising**: conceitos e estratégias para ações bem-sucedidas. São Paulo: Thomson, 2005.

WONDERS, A. Tecnologia no PDV: conheça 3 exemplos de tecnologia. **The Future of Retail**. 6 ago. 2018. Disponível em:<http://alicewonders.ws/blog/2018/08/06/tecnologia-no-pdv-conheca-3-exemplos/>. Acesso em: 12 abr. 2019.

Respostas

Capítulo 1

1) e
2) b
3) b
4) Eles podem ser classificados em dois grupos: produtos de consumo e produtos industriais. Os primeiros são subdivididos em: produtos de conveniência, comparação, duráveis, não duráveis e serviços.
5) O primeiro e mais básico nível é chamado de *valor central do cliente* ou "*produto básico*". O segundo nível é o produto real. Os comerciantes devem transformar o principal benefício, o valor do cliente principal que eles identificaram em um produto real. Isso envolve o desenvolvimento de características do produto, *design*, nível de qualidade, marca e até mesmo uma embalagem. Finalmente, os níveis de produto são completados com o produto ampliado, que se trata da solução completa que pode assumir a forma de garantia, serviço pós-venda, suporte ao produto, instruções sobre como usar o dispositivo e assim por diante.

Capítulo 2

1) a
2) b
3) Todas estão corretas.
4) **Tamanho do mercado:** é o potencial total de vendas do mercado de todas as empresas juntas. **Taxa de crescimento do mercado:** pode ser determinada por verificação de fatos e números dos últimos 5 anos da indústria em que determinada empresa se encontra. **Rentabilidade:** determinar e prever a lucratividade da organização é importante para entender o potencial do mercado.
Se o negócio da empresa não tem uma alta rentabilidade, então precisa compensar com alto volume de produção. Assim como se a empresa comercializar poucas unidades, precisa considerar que seu lucro por unidade precisa ser maior. **Concorrência:** as empresas precisam conhecer e entender a concorrência em um setor para determinar o potencial de mercado do produto que irá lançar. Se houver alta competição, as barreiras de entrada serão significativas e, ao mesmo tempo, estabelecer-se exigirá investimentos relevantes. **Produto e tipo de consumidor:** a empresa precisa considerar se o produto que comercializa é um produto de compra repetida ou única, para que ela possa saber, então, com que frequência seu produto será comprado novamente.
5) São usos do potencial de mercado: avaliar o desempenho de vendas; determinar as áreas para a alocação da força de vendas; determinar o número de vendedores ou representantes de vendas necessários para cobrir uma área geográfica; segmentar o mercado, por territórios, produtos etc.; identificar os limites dos territórios de vendas e

proporcionar critérios para o zoneamento de vendas; ajudar a fazer a previsão de vendas; estabelecer cotas por linhas de produtos, por territórios e por vendedores; dirigir a cobertura da propaganda do *merchandising* e da promoção de vendas; localizar depósitos, lojas, pontos de vendas, vendedores residentes, filiais de vendas etc.; estabelecer roteiros de transporte, visitação e comunicação; estabelecer a política de distribuição; estabelecer critérios para remuneração de vendedores; formular estratégias de marketing por segmento de mercado; estabelecer parâmetros para medir o desempenho de vendedores e representantes de vendas; estabelecer paridade de vendas, calculada pela relação entre as vendas passadas da empresa e o potencial relativo de mercado; calcular a participação de mercado da empresa.

Capítulo 3

1) d
2) e
3) d
4) Uma das mudanças que ocorreram é a profusão de ações de "marketing de permissão", ou seja, o potencial consumidor só será abordado se tiver feito cadastro prévio para receber mensagens, malas diretas, promoções etc. O consumidor não quer mais ser bombardeado de informações inúteis e desnecessárias, ele ganhou poder e o *status* de *prosumer* (consumidor + produtor de conteúdo). Ele quer participar ativamente da comunicação dos produtos e serviços que consome, opinando, sugerindo.
   Outra estratégia utilizada pelas empresas na internet para seu marketing direto é o *inbound* marketing, cujo objetivo é ser encontrado *on-line*, utilizando-se

mecanismos de busca ou *sites*, Facebook, Twitter, YouTube etc. O *inbound* marketing busca atrair e conquistar o público-alvo e os *leads* qualificados, ou seja, aqueles que realmente tenham interesse nos serviços que a sua empresa oferece, para então entrar em contato com eles, oferecendo diretamente aquilo que é do interesse dos potenciais clientes.

5) **Loja de conveniência:** uma mercearia de pequeno a médio porte e uma loja de conveniência que, geralmente, operam perto de áreas residenciais com horários diferenciados.
Lojas especializadas: uma loja que se concentra em segmentos restritos de produtos.
Supermercado: geralmente, concentra-se no fornecimento de uma variedade de produtos de alimentos e bebidas.
Loja de desconto: podem ser pequenas, médias ou grandes que revendem sobras de estoque ou produtos mais populares, oferecendo preços inferiores a outras lojas semelhantes.
Loja de departamentos: por se tratar de um negócio com uma variedade de bens e serviços, divididos em departamentos, muitas vezes, é o mais complexo tipo de varejo, que podem ser gerenciados individualmente por comerciantes ou um negócio privado separado.
Armazém/revendedor direto: uma loja de médio a grande porte, geralmente fora das ruas principais de comércio, onde os aluguéis são mais em conta, permitindo que o varejista armazene, exiba e comercialize uma grande variedade de produtos a preços muito competitivos.
Loja virtual: vendendo diretamente aos clientes por meio de um site de comércio eletrônico.

Showroom **de venda por catálogo:** os clientes encomendam mercadorias de um catálogo no showroom.

Capítulo 4

1) c
2) e
3) b
4) **Promoções de base:** são aquelas definidas quando se cria um programa de fidelidade para executar ações básicas, como acumular e resgatar pontos. Essas promoções já recompensam os membros por uma única compra.
   Promoções de nível: as promoções de nível devem ser definidas quando a organização cria um programa de fidelidade para alterar os níveis dos membros com base no número de pontos que eles ganham.
   Promoções de recompensa: uma promoção de recompensa dá aos membros oportunidades para ganhar pontos que podem trocar por produtos ou serviços ou para ganhar outras recompensas.
5) Nome do produto ou serviço; preço (preço total e preço de venda); onde ocorre a transação; se os esforços de marketing anteriores funcionaram (por que sim ou por que não); quando a empresa promoveu esse produto ou serviço pela última vez; quais ferramentas foram utilizadas na promoção e quais foram os resultados individuais de cada uma delas.

Capítulo 5

1) b
2) a
3) b

4) **Regra de três:** três é o número mágico na criação de *displays*. Não só atende à atenção do cliente, mas também ajuda a fixar a exibição do produto na sua mente. É por isso que muitos especialistas em *visual merchandising* seguem e pregam a regra de três.

   "Princípio da Pirâmide": aplica-se a uma exibição triangular de mercadorias. Coloca-se o maior item no centro e os produtos menores por fora. Assim, os outros itens "descem" do ponto focal, como uma pirâmide.

   Apresentação dos preços: os principais produtos devem ser destacados com pontos de preço claros em sinais maiores, o que chama a atenção do cliente. Se a organização tem um cliente orientado para o valor, deve anunciar os itens com o melhor valor ou acordo para que o cliente caminhe para a exibição.

5) A iluminação primária é a iluminação geral da sua loja. A iluminação direta aumenta o foco do cliente para uma exibição específica. A iluminação indireta tende a ser mais dramática na medida em que projeta luz fora do destaque para criar um efeito intrigante.

Capítulo 6

1) a
2) a
3) d
4) Programas de fidelidade são direcionados àqueles clientes que já estão fazendo negócios com a empresa e são recompensados por cada transação. Os programas de incentivo são um meio para as empresas darem mais para obter mais de seus clientes. Em vez de recompensar clientes com um cartão de presente ou descontos, como um programa

de fidelidade, um esquema de incentivo geralmente os apresenta com uma recompensa mais valiosa.
5) As comunicações devem ser um esforço contínuo para destacar aspectos do programa – por exemplo, novas ofertas de recompensas, promoções de produtos etc., bem como para reposicionar o programa à medida que os objetivos de negócios evoluam. A organização pode utilizar todos os meios disponíveis para aumentar a visibilidade de seus participantes e alavancar seu envolvimento como público cativo para divulgar as principais mensagens de marketing, fortalecer sua marca, aumentar o conhecimento do produto, a educação e muito mais.

Capítulo 7

1) d
2) e
3) b
4) Mídias eletrônicas, como redes sociais, mensagens instantâneas e *e-mail*, além de anúncios de eventos de jornais, revistas, rádio e TV; fôlder, informativo ou folheto; mala direta; telemarketing; *bus door; press release;* cartazes distribuídos para empresas e exibidos em fóruns de anúncios da comunidade e publicações de mídia social com detalhes do evento agendados ao longo do tempo para criar interesse.
5) Seleção de tema geral para o evento; desenvolvimento do orçamento; elaboração dos convites; seleção de local adequado; divulgação e comunicação; coordenação das hospedagens e transportes; contratação de fornecedores externos; planejamento do menu; escolha da decoração; organização dos oradores convidados ou entretenimento.

Sobre a autora

Letícia Mirella Fischer Campos é mestre em Engenharia de Produção e Sistemas pela Pontifícia Universidade Católica do Paraná (PUC-PR), graduada em Administração pela FAE Centro Universitário e, atualmente, cursa Licenciatura em Pedagogia na modalidade EaD pela Unifacvest. Já atuou como coordenadora de cursos de graduação em instituições de ensino superior, assim como docente em diversas disciplinas em cursos de graduação e pós-graduação (modalidades presencial e a distância). Também é produtora de conteúdo e faz gravação de videoaulas para diversos cursos e instituições de ensino.

Desde 2016, é professora colaboradora na Universidade Estadual do Norte do Paraná (Uenp) e coordenadora de ensino fundamental e infantil do Colégio Ecel Divina Pastora. É autora de 12 livros publicados nas áreas de marketing, fundamentos de gestão, qualidade, processos e gestão de pessoas.

Os papéis utilizados neste livro, certificados por instituições ambientais competentes, são recicláveis, provenientes de fontes renováveis e, portanto, um meio responsável e natural de informação e conhecimento.

FSC
www.fsc.org
MISTO
Papel | Apoiando
o manejo florestal
responsável
FSC® C103535

Impressão: Reproset